南繁记忆

——“野败”水稻发现者冯克珊口述历史

曹　兵　张　哲◎主编

南海出版公司
·海口·

图书在版编目（CIP）数据

南繁记忆 ：“野败”水稻发现者冯克珊口述历史 / 曹兵，张哲主编. -- 海口 : 南海出版公司，2025. 5.
ISBN 978-7-5735-1152-2

Ⅰ. K826.3

中国国家版本馆CIP数据核字第2025K1D766号

NANFAN JIYI ：“YEBAI” SHUIDAO FAXIANZHE FENG KESHAN KOUSHU LISHI

南繁记忆 ：“野败”水稻发现者冯克珊口述历史

主　　编　曹　兵　张　哲
责任编辑　孙翠萍
出版发行　南海出版公司　电话:(0898)66568511(出版)　(0898)65350227(发行)
社　　址　海南省海口市海秀中路51号星华大厦五楼　　邮编：570206
电子信箱　nhpublishing@163.com
经　　销　新华书店
印　　刷　文畅阁印刷有限公司
开　　本　787毫米×1092毫米　1/16
印　　张　14.75
字　　数　160千字
版　　次　2025年5月第1版　2025年5月第1次印刷
书　　号　ISBN 978-7-5735 1152-2
定　　价　88.00元

编 委 会

主　　编：曹　兵　张　哲

副 主 编：洪媛媛　骆　剑　邱梓轩　戴　扬　唐　萍

顾　　问：柯用春　冯健敏

编　　者：（按姓氏笔画排序）

王　雨　王　鹿　王一亨　王龙花　王英诚
王草秀　王祥镖　孔祥义　冯小玲　冯健敏
任　红　庄玉湲　刘　昊　刘　杨　许小勇
李　帅　李　辰　杨添皓　吴建霞　邱秀芬
辛业芸　汪　娇　沙川涛　陈枳衡　柯用春
钟昊天　秦俊雪　莫　颖　夏志辉　夏　勉
顾　爽　黄东益　龚家建　常宇晴　符继业
梁安琼　蒋文鑫　谢长江　黎文昌

编写单位：海南大学　三亚市农业农村局
海南省种业实验室　海南省南繁协会

序一

杂交水稻是我国镶嵌在全球粮食大厦顶端的一颗璀璨明珠。这颗明珠，是“南繁”和“野败”分别从精神和物质两个层面水乳交融的结晶，在世界水稻育种史上闪耀着耀眼而独特的光芒。

“野败”的发现，颇为传奇。在杂交水稻研究最艰难的开始阶段，科学家始终找不到不育特性的“保持系”，1970年，冯克珊先生和李必湖先生很幸运地在海南三亚南红农场的沼泽地里发现了一株败育的野生稻，袁隆平先生将之命名为“野败”，随后它便成为科学家研究杂交水稻的遗传工具。这株“野败”正是如今绝大部分“三系法”杂交稻不育系的始祖，为杂交水稻的研究打开了最为关键的突破口。20世纪70年代，在全国大协作的背景下，中国的杂交水稻研究很快取得成功，杂交水稻在生产上大面积推广，不仅解决了十几亿中国人的吃饭问题，更为世界粮食安全作出了重要贡献。中国第一批用于生产的杂交水稻就是在这一株“野败”的基础上发展起来的。2004年，我与“野败”的两位发现者冯克珊、李必湖，以及颜龙安、邹江石一同获得第三届袁隆平农业科技奖。这份荣誉是对我们的工作和成绩的极大认可，而与几位先生同台领奖、分享喜悦的情景也成了我如今无比珍藏的记忆。

“南繁”承载了我国无数育种科技工作者的心血与梦想。海南岛光热充足，并且广泛分布着野生稻资源，不仅是水稻等作物育种的天堂，更是新中国农业科技创新的摇篮。从20世纪70年代开始，一批又一批农业科技工作者如同候鸟一般，克服重重困难，在海南和单位之间来回奔波，为中国杂交水稻事业奉献终身，无怨无悔。在杂交水稻耀眼光芒的背后，是一代又一代杂交水稻育种者的辛勤汗水，是不断丰富发展日趋成熟的育种技术体系，更是传承不息熠熠生辉的“南繁”精神。

中国杂交水稻的研究事业是袁隆平先生带领着中国科学家在我国优越的社会主义制度支持下组织起来的。回顾半个世纪来的育种历程，我认为，中国杂交水稻研究的成功有五点秘诀，即科学的探索精神、爱国的奉献精神、优越的社会制度、找到了遗传工具、开展了大协作。这些因素的共同作用成就了杂交水稻，而找到“野败”则是其中的关键之钥。

《南繁记忆——“野败”水稻发现者冯克珊口述历史》一书围绕“野败”水稻及其发现者之一冯克珊先生展开，前半部分为冯先生自述，后半部分为他述，共同为读者揭开“野败”发现之谜，为读者呈现过去以冯克珊先生为代表的南繁工作者吃苦耐劳、甘于奉献、默默无闻服务农业的精神，从记事的角度，描绘出一幅中国杂交水稻研究成功秘诀的完整画卷。这本书不仅是一次对过往南繁重要历史的回望，更是对袁隆平先生、冯克珊先生、李必湖先生等农业科技工作者无私奉献精神的崇高致敬。

“喜看稻菽千重浪，遍地英雄下夕烟。”我希望这本书能够让更多的人了解“野败”、了解杂交水稻、了解南繁、了解那些为农业科技事业默默奉献的科学家。期望它能如同一束光，点燃年轻一代心中的梦想，继续传承与发扬南繁精神，砥砺前行、奋勇拼搏，踊跃投身农业科研事业，助力中国农业科技迈向新的高峰。

谢华安

中国科学院　院士

福建农林大学　教授

序二

在我国杂交水稻的辉煌发展历程中，有许多熠熠生辉的名字，袁隆平先生无疑是其中最为耀眼的巨星。而在巨星的光芒背后，还有无数默默耕耘、无私奉献的科研工作者，他们同样为杂交水稻事业的成功立下了不朽功勋。冯克珊先生便是其中一位值得我们永远铭记的代表，而这本《南繁记忆——“野败”水稻发现者冯克珊口述历史》，正是一部记录他非凡贡献与农业人生的珍贵之作。

我与杂交水稻的缘分由来已久，多年来致力于研究袁隆平先生以及杂交水稻的发展历程，也撰写了不少相关著作，因此对杂交水稻事业的发展脉络有着较为深入的了解。杂交水稻的成功，是在袁隆平先生的首创和带领下，众多科研人员集体智慧与不懈努力的结晶，其中“野败”水稻的发现堪称关键的里程碑。1970年11月23日，冯克珊先生与李必湖先生在海南南红农场附近的沼泽地里发现了一株雄性不育野生稻，也就是后来被袁隆平先生命名为“野败”

的珍贵植株。这一重大发现，为杂交水稻“三系”配套打开了突破口，为杂交水稻的成功奠定了坚实基础。

在20世纪90年代初，我受袁隆平先生的重托，有幸多次采访冯克珊先生，留下了诸多美好记忆。早在1970年7月下旬，袁隆平先生带领助手李必湖与尹华奇，来到三亚南红农场开展三系杂交水稻攻关，得到了南红农场领导和冯克珊先生的大力支持。其间，冯克珊先生既认真听取袁隆平先生的讲课，又跟班下田试验操作，学习进步很快。冯克珊先生当时已扎根南红农场多年，熟悉那里的每一寸土地，了解每一种农作物的生长习性。在袁隆平先生的理论指导下，正是这种深入的了解、敏锐的观察力，让冯克珊先生在千万人都曾走过的路边与李必湖先生共同发现了这株关键的野生稻。冯克珊先生凭借着对农业科研的热爱，在南繁这片充满希望的土地上创造了奇迹。

本书中，不论是冯克珊先生的自述内容，还是其家人、同事的口述故事，都让我们看到了一位普通农业科技工作者的伟大之处。他没有惊天动地的壮举，却用自己的实际行动诠释了什么是责任、什么是奉献。他的精神，不仅是杂交水稻科研团队的宝贵财富，更是我们这个时代需要弘扬的正能量。

在未来的日子里，愿我们都能从杂交水稻的发展历史中汲取力量，继承和发扬南繁精神，为“南繁硅谷”建设提供精神文化支撑，为实现农业强国的梦想而不懈奋斗。我相信，这也是袁隆平先生和冯克珊先生等老一辈科研工作者所期望看到的。

在袁隆平先生逝世四周年之际，这本书的出版具有特殊意义。它不仅是对“野败”发现者冯克珊农业人生的回顾，更是对袁隆平科学家精神和南繁人南繁精神的时代诠释与精神传承。预祝《南繁记忆——“野败”水稻发现者冯克珊口述历史》新书成功出版发行，故勇而乐为之序。

谢长江

2025年2月26日于长沙

湖南杂交水稻研究中心　原副主任

袁隆平农业科技奖励基金会　原秘书长

袁隆平院士首届学生

前言

在农业科技发展的长河中，总有一些关键节点如同灯塔，照亮了前行的道路，引领着人类向更加繁荣的未来迈进。袁隆平先生引领的中国杂交水稻的研究与发展，无疑是其中最为耀眼的篇章之一。而在这场农业科技绿色革命的背后，隐藏着无数科研人员的心血与智慧，其中，“野败”水稻的发现者之一冯克珊，则成为这段历史中不可或缺的重要人物。

《南繁记忆——“野败”水稻发现者冯克珊口述历史》一书，以冯克珊先生的亲身经历为线索，生动再现了在中国杂交水稻研究历程中的关键时期，“野败”水稻这一重要育种材料发现的过程，更是一部关于南繁发展历史的珍贵回忆。自1970年11月23日“野败”水稻被发现，袁隆平先生将其无偿分发给多个南繁水稻育种团队，开展全国杂交水稻科技“大协作”“大攻关”，1971年三系杂交水稻配套成功并开始生产应用，杂交水稻育种、繁制种、种子鉴定、基础科学等成为南繁基地最主要领域，有机构最多、人数最多、影响最大的特点，杂交水稻成为南繁的“代名词”。

"野败"水稻的发现，是杂交水稻研究史上的重要里程碑。在袁隆平先生致力于解决中国人吃饭问题的过程中，"野败"水稻的出现如同天赐良机。其自然不育特性，为杂交水稻的育种提供了前所未有的可能。在此之前，杂交水稻的育种面临诸多困难，其中最为棘手的就是如何找到一种能够稳定遗传雄性不育特性的水稻材料。"野败"水稻材料的出现，正好解决了这一难题。

袁隆平先生带领全国杂交水稻育种团队对"野败"水稻进行了深入细致的研究，充分利用其不育特性，成功培育出了一大批高产、优质的杂交水稻品种。这些品种不仅极大地提高了水稻的产量，为解决中国人的粮食问题作出了巨大贡献，而且陆续在全球70多个国家推广应用，为世界粮食安全作出了重大贡献。

"野败"的发现和研究推动了整个杂交水稻育种领域的发展。袁隆平团队的成功经验，还为其他农作物如油菜、葵花、小麦、棉花等开展杂交育种技术提供了非常有益的借鉴和启示。

本书通过冯克珊先生和其他相关同志的口述，不仅还原了那段充满艰辛与希望的岁月，更展现了冯克珊先生作为一名农业科技工作者的重大贡献以及朴实和无私品德。

本书的出版，对于传承和弘扬南繁精神具有重要意义。我们相信，本书将成为广大农业科技工作者、高校师生的宝贵学习资料，激励他们在未来的科研道路上不断前行、勇攀高峰。

愿本书能够成为连接过去与未来的桥梁，让更多人铭记"野败"水稻发现和南繁科技的重要贡献，充分发挥海南自贸港优势，更好建设"南繁硅谷"，共同书写中国农业科技发展的新篇章。

本书由海南省人民政府参事、海南大学副校长曹兵牵头编著，编写经费由海南省马克思主义理论研究和建设工程专项课题（2022HNMGC07）资助，出版经费由海南英特斯克尔国际种业科创有限公司捐助，在此表示衷心感谢。本书图片均由编者或口述者提供，编写中难免有不足之处，恳请批评斧正。

全体编者

2025年3月20日

南繁育种 发现"野败" 成就杂交水稻，我热爱南繁、热爱三亚。

袁隆平

2020.4.7.

“野败”水稻释义

“野败”水稻，是一种野生雄性败育稻，国际上称为“WA”。在杂交水稻的培育过程中，“野败”起到了关键作用。1970年，冯克珊、李必湖在野外发现这株野生稻时，因其是一株碘败型（单核期败育）花粉败育的野生稻，袁隆平便将其命名为“野败”。

“Wild Abortive” rice, a type of wild rice with male sterility, is internationally known as “WA”. In the process of cultivating hybrid rice, “Wild Abortive” played a pivotal role. In 1970, Feng Keshan and Li Bihu discovered this wild rice plant in the field, and since it was a wild rice with iodine-stained abortive pollen, Yuan Longping named it “Wild Abortive”.

“野败”水稻发现地，位于海南三亚南红农场

“野败”水稻发现地纪念石（正面），位于三亚市天涯区凤凰路与林家路交会处附近

“野败”水稻发现地纪念石（背面）

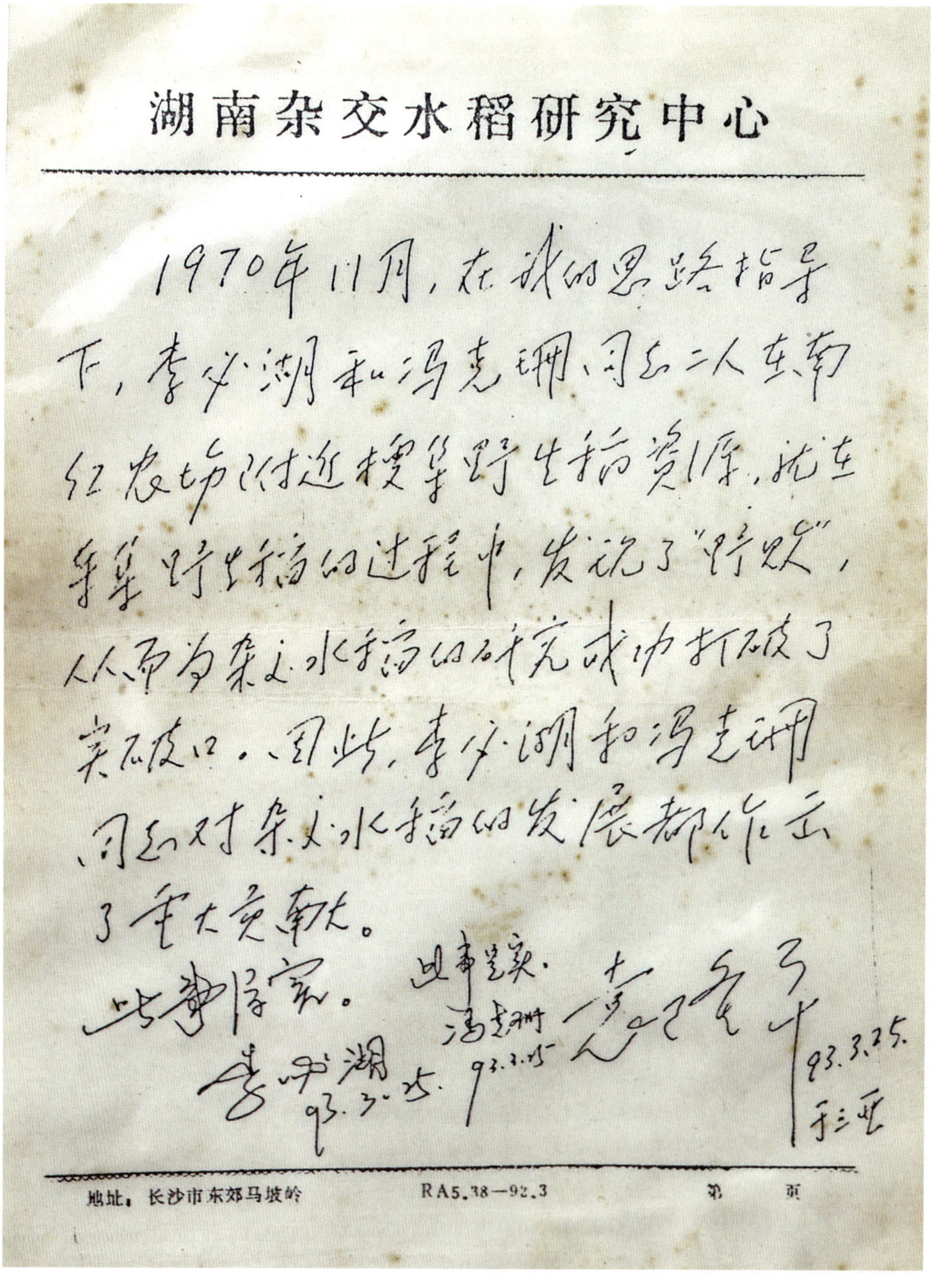

湖南杂交水稻研究中心

1970年11月，在我的思路指导下，李必湖和冯克珊同志二人在南红农场附近搜集野生稻资源，就在采集野生稻的过程中，发现了"野败"，从而为杂交水稻的研究成功打破了突破口。因此，李必湖和冯克珊同志对杂交水稻的发展都作出了重大贡献。

此事属实。 李必湖 93.3.25

此事是实。 冯克珊 93.3.25

袁隆平 93.3.25. 于三亚

地址：长沙市东郊马坡岭　　RA5.38—92.3　　第　　页

1993年，袁隆平手写李必湖、冯克珊重大贡献证明

目 录

CONTENTS

自 述

发现"野败" 追忆南红

服务南繁　坚守岁月

他　述

他人之心　肺腑之言

回顾历史　纪念“野败”

附　录

自 述

家庭无私　成就小我

艰苦淬炼成家风

青年冯克珊

1943年12月，我出生于琼海朝阳乡仙坡村（现位于琼海市博鳌镇）。琼海的乡村民风淳朴，遇事讲究以理服人，即使在过去法制体系不健全的时代，也很少发生集体性械斗和恶性争斗。我们村主要以种植地瓜、水稻为生，地多的时候也会种些豆角、韭菜。土地贫瘠，易旱易涝，收成一般不好。如遇上天灾，生活会更加艰难。

我奶奶尝遍了生活的艰苦滋味，爷爷20岁去世时，奶奶怀着我父亲刚4个月。1908年我父亲出生，生活非常困难，在农村单亲母亲养活孩子更加不容易，奶奶除了打理家里的几块贫瘠的田地，经常做的是在村里和村子附近捡些"值钱"的废品换些钱来维持生计。印象中奶奶的个子很小、裹着小脚，一直都没有改嫁，以娇小的身躯对抗生活的困苦，用三寸小脚为父亲支撑起了家。贫苦的日子太多了，家里生活物资匮乏，所以奶奶特别节俭，舍不得花钱。1959年她离世的时候，我们发现她留下来的盒子里满满当当地塞着她攒着不舍得花的民国时期的钱，家里人都不知道她存了这么多钱，看到的时候都特别惊讶，也很心疼，当时我们就将这些钱连同衣物一并烧给她了。

父亲长大后成了裁缝，家中经济负担重，他很早就自己"下三亚"谋生，挣到钱再寄回家中贴补家用。由于交通非常不便，父亲常年在三亚挣钱，很少回家，我一直到5岁才开始对父亲有清晰的印象。我们一家子穿的衣物，都是他亲手缝制的。他不能亲自送做好的衣服回家，就请同乡的人从三亚回来的时候帮忙捎回来。虽然这些衣服都是很粗糙的布料缝制成的，但那个时候，有这种衣服穿已经是很不错的了。父亲在家时对我们都很爱护。我记得有一次跟其他小孩一起玩，比较大点的孩子说要打我。父亲听说之后，带着我去心平气和地跟那些小孩讲道理："大的不能够打小的，玩可以一起玩，但是不能打架。"他的态度很和蔼。他在家里也经常跟我们讲道理："做任何事情，都不要去惹是生非。喜欢别人的东西，不经别人同意只能够看，不能随便动手去摸。"他是非常讲规矩的人，一起在饭桌上吃饭时，总会教育我们要遵守规矩、懂得礼貌，大人动筷子后，小孩才能动筷子。

我的母亲是比较豪放大方、热情好客的人。不管家里亲戚是贫困还是富有，她都同等对待。哪怕家里都吃不上饭了，一有亲戚来，她也会把家中能吃的都拿出来待客，甚至还要让亲戚拿走。

有一次我父亲从三亚寄了鹿膏回家，母亲不舍得吃，都给了我姨母；因为我姨母患有哮喘病，母亲觉得鹿膏有祛寒的作用，对姨母的身子有好处。当时大哥和大嫂已经结婚了，大嫂偶尔也会抱怨母亲一两句："什么人来你都这么给，我们家里东西都吃不上了，你还给人家。"早些年大嫂还没有嫁过来的时候，父亲和大哥都在三亚做裁缝赚钱，母亲就是家里的主心骨，日夜都在操劳家庭的生计，照顾我们几个孩子。除了下地种田干农活，母亲在家里还养猪、养鸡，经常忙得脚不着地，我们年纪小，只能帮她分担一些简单活。

奶奶和父母亲都是从艰苦年代中走过来的。生活的艰难，恰恰印证了他们的努力、勤劳和坚强。虽然他们没能和我们一起见证物质富足的时代，但他们勤俭节约、讲理为上、热情好客的精神在潜移默化中已深入我的灵魂，成为我们的家风，使我认认真真、以身作则地教育儿女，让家风代代传承下去。

手足如磐历风雨

1927年，我的父母亲结婚，当年我大哥就出生了。我家一共是六个兄弟姐妹，我最小，有三个哥哥、两个姐姐。我们两两之间基本上差3岁。

一、长兄如父，长嫂如母

1950年，父亲因食管癌去世，奶奶白发人送黑发人，年长的大哥挑起了整个大家庭的责任，在三亚做裁缝以维持家庭生计。家里的农活和事务由母亲和大嫂一起打理。后来没过几年，母亲患了癫痫卧病在床，家庭的重担落在了大哥和大嫂身上。大哥做裁缝的收入不多，那时我们三个弟弟都还在上小学，有时候需要交课本费、作业费，经济就比较困难，生活很艰苦。

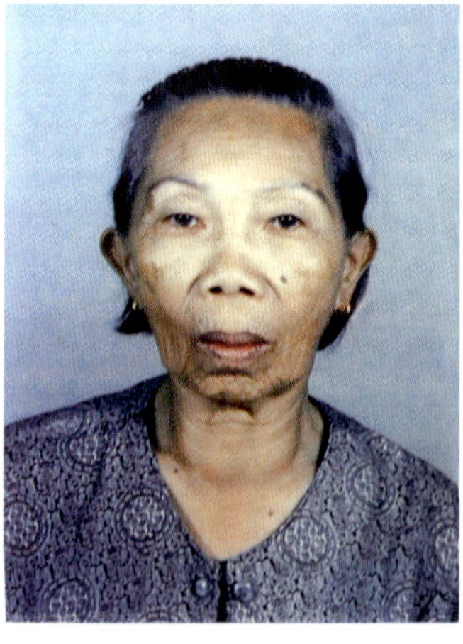

冯克珊的大嫂王春花（现年97岁）

我大嫂是相当勤劳、有责任心的人。她不仅支持我们几个弟弟读书，还尽责地在家照顾我们生病的母亲。准确地说，在母亲生病以后，大嫂就开始扮演了我们这个大家庭里“母亲”的角色，尽心尽力地照顾我们。

20世纪50年代末60年代初，国家粮食紧张，我们农村一人一个月发六斤大米，平均下来每天二两大米。平日一碗米汤只有几粒米，很稀，每天都吃不饱。那时候二哥、三哥都在外务工，家里就有我、母亲、大嫂和大嫂的两个孩子，一共五个人。我大嫂当时为了我们费了很大的心思。

1959年我读初二的时候，有一次我饿得身体都浮肿了，大嫂到山坡上摘“黏果”①捣烂了就着米汤煮给我吃，吃下很饱腹，后面我便秘了整整三天，但也都没有消肿。因为浮肿得实在很厉害，生产队给我申请黄豆，吃了黄豆后我才消肿。我印象非常深刻，那时我也就十六七岁，身体处在发育阶段，身体浮肿的时候，用手按下去，会有个凹陷的窝，两三小时都恢复不了原状。当年想吃饱肚子很不容易，饥饿的感觉到现在还刻骨铭心。那个时候，我就深刻意识到了粮食的重要性。

大哥大嫂对我们从来都很好、很关爱。大嫂总是很操心我们这几个弟弟妹妹。家里用的钱，我大哥一般是先寄给大嫂，等到我们要买书或买其他东西时，再从大嫂那拿钱去用。我1968年结婚、三

①黏果，即棯果，桃金娘的果实。

哥1970年结婚，当时都是由我大嫂操持的，结婚的钱也主要是大哥大嫂出，他们为我们整个大家庭辛苦操劳了大半辈子，实在功不可没。

二、谦让互助，携手共进

1950年海南岛解放后，上学是免费的，我们三个年纪小点的兄弟就去读了小学，虽然当时我们只需要掏钱买书本和自己的作业本，但大哥大嫂的经济负担还是很重。我作为家里最小的孩子，哥哥姐姐们凡事都让着我，优先支持我继续读书。我二哥读完初小、三哥读完小学，就都出去找工作了。我的两个姐姐出嫁早，她们婆家的家庭条件要比我们家好一些，粮食紧张的时候，经常叫我周末到她们家里吃饭。

后来我们几兄弟成家的成家，工作的工作，一家人很难团聚在一起。姐姐们偶尔也会回来看望母亲。虽然我们很少聚在一起，但是我们的心都是紧紧连在一起的。我农校毕业出来工作以后，一直念着哥哥姐姐的好。我那时候在农场上班，工资相对于家里其他人算比较高的，所以哥哥姐姐们有什么需求和困难，我都会尽量满足和帮助他们。1982年，大嫂同大哥一起在三亚羊栏工作、生活。当时我已经在南红农场，与他们离得很近。平时周末我经常会带着爱人和孩子看望他们，看他们有什么需求、缺什么东西，他们要治病或者要办一些难处理的事情，我都主动出面替他们办理手续或者解决问题。

1985年，冯克珊家庭团聚欢度春节合影

回想起我们兄弟姐妹过去的生活，我有很多感慨。虽然我们年纪大了，见面往来也不大容易，但是我时常会感念起在困难时期他们对我的好，我觉得很幸运、很幸福。

倾情守护共余生

我爱人也是琼海人，是当时南红农场一位同事的表妹。她来南红农场探亲时，我们结识。随着时间的推移，我们逐渐相知，互表心意后，一切水到渠成。我们1968年在琼海老家举办婚礼，1969年一起来到南红农场工作生活。

1972年，我母亲癫痫病越发严重，我爱人毅然带着3岁的儿子回到琼海和大嫂一起轮番照顾母亲。既要照顾年迈的母亲，又要抚养年幼的儿子，极为辛苦，但她从来没有向我抱怨过生活的困难，始终默默支持着我，让远在三亚工作的我没有后顾之忧。

1973年，大女儿在琼海出生，我爱人依然独自在家照顾着两个年幼的孩子和患病的母亲。那几年，我一般只有在春节和清明节的时候才会回一趟老家，一年到头在家的时间加起来不到一个月，只是每月按时寄钱回家维持家庭生计。虽然聚少离多、分处两地，但是我们一直都是彼此内心的依靠。1976年，我母亲发病去世，那年二女儿也出生了。

冯克珊与妻子年轻时的合照

1979年，我爱人带着孩子来到三亚和我团聚，但我的大部分时间还是集中在工作上面，在家里的时间较少。我是南红农场的副场长以及技术人员，负责农场的土地规划、种子的培育计划、科研的生产计划，此外还要负责监督、检查和参与农作物的整个生产过程，精力都放在了农场。但我爱人从不埋怨我，她在工作之余总是把家里打理得井井有条。

在养育孩子的过程中，我爱人承担了大部分的工作，将三个孩子都培养得很懂事、孝顺。儿子深知干农业工作的辛苦，知道种子对农业的重要性，很理解我。他上大学时坚定地选择了植物保护专业，说植物保护是农业生产的重要环节，是国家需要的。大女儿高中毕业后当了工人，现在已退休，平日都在家里照顾我爱人。二女儿在广州从事电力相关工作，虽然距离很远，但她一年至少回来三趟，家里一有什么事她就会马上坐飞机回来。孩子们如今已经长大成人，各自成家，我时常也会为自己没能在他们小时候多尽父亲的责任而感到遗憾。

现在我爱人因为患有脑梗已经卧床几年了，为了更好地照顾她，我开始看养生的书，学习养生知识，这不仅能使她受益，也使我受益匪浅。大女儿虽然有自己的小家庭，但她还是专门搬来跟我们一起住，全程照顾她母亲。我以前一直教育我的孩子们做人要有担当、有责任感，现在他们也都做到了，并且都做得很好。

1979年在三亚，冯克珊家庭合影

我爱人前半生一直在操劳我们这个小家庭，现在换我们照顾她了。因为我们悉心的照顾，尽管她已经躺了几年，但从外貌上完全看不出来她是一个病人，面容还是很红润。这或多或少弥补了年轻时我未能帮她分担家庭重担、照顾她的遗憾。我很感谢她，感谢她过去对我母亲辛勤的照顾，感谢她对孩子们的付出，也感谢她对我工作的支持。再回首，和她相伴一生何尝不是我人生中的一件幸事呢？

学海无涯　苦中求学

新中国让我有书读

在新中国成立初期，海南岛迎来了解放的曙光。那时我们村虽然生活条件艰苦，但文化氛围非常浓厚，几乎家家户户都有一两个读书人。父亲常常教导我们要知理讲理、知礼懂礼，这不仅塑造了我们的人格，也为我的求学之路奠定了最初的启蒙。他虽未明说“望子成龙”，但作为父母，谁不期望孩子能有出息呢？

1950年海南岛解放后，我才得以踏入小学的校门。那所学校离家1千米远，原属于乐会县第二区，名为第七小学，后改名为双举坡小学，再后来又更名为海燕小学。1995年，得益于希望工程的资助，学校再次更名为海燕希望小学。然而，由于生源问题，这所学校现已不复存在，只留下一片废弃的楼房，见证着那段历史。

小学时期，为了我们的安全，学校要求我们晚上住在学校附近的村民家。母亲当时已经生病，无法为我操劳，大嫂为我找了一户农户，让我晚上留宿。那时生活简朴，连早饭都没有，牙刷也没有，但我从未有过怨言；因为我知道，我能有书读，已经是莫大的幸福。

1957年，我考上了乐会县第三中学，开始住校生活。学校离家3千米左右，虽然有了宿舍，但吃饭仍需自己解决。我每天往返于家和学校之间，一天要走12千米路。即使周六也要上课，下午才能回家休息。1958年"大跃进"时，学校改名为乐会县朝阳中学；1958年12月，随着万宁、乐会、琼中三县合并为琼海县，学校也随之改名为琼海县朝阳中学；1992年，琼海撤县设市，学校也随之改名为琼海市朝阳中学，并一直沿用至今。

新中国成立后，国家实行了教育补助政策，小学、初中学费全免，只需交书本费和作业本的钱。初中时我还有贫困补贴，家里生活拮据，没有多余的伙食费给我，贫困补贴无异于雪中送炭。我深知这些教育政策来之不易，因此倍加珍惜受教育的机会，认真听讲，成绩一直处在中上等水平。

1960年，我初中毕业。在那个年代，读高中需要自费，由于经济条件限制，上高中的人很少，而免学费的职业学校和师范学校则成为热门选择。我也选择了报考中专，一来可以减轻家庭的负担，二来也能早日工作养家。最终我幸运地被广东省海口农业学校（今海南省农业学校）录取了。当时村里人对农业学校的认识有限，认为农业学校相当于"牛马学校"，种地还需要去学校学习？但我相信在学校定能学到技术，未来说不定能改善村里粮食收成不好的局面。且当时能有书读，我已经心满意足。

广东省海口农业学校位于琼山县旧州镇（今海口市琼山区旧州

镇），离家七八十千米。20世纪60年代的时候已经有汽车，从琼海坐汽车到海口大概需要两三小时，但是到旧州的车每天只有一班。如果大嫂给的钱多，我就坐车去，钱少我就和同村的同学相约一起走路去上学。我们从村里走到嘉积，再从嘉积走到旧州，一走就是一天。虽然辛苦，但我从未觉得累，因为读书是一件幸福的事。

我是家中唯一读到初中并继续上农校的孩子。兄长们因家庭困难都早早工作了，而我作为家中最小的孩子，得到了他们的支持。当然，这也离不开我坚持读书、渴望知识的决心。我的想法很简单：只要有书读，就一定要读下去。

回首我的求学生涯，我总是马不停蹄地走在路上。但我从未觉得辛苦，因为新中国成立，我获得了受教育的机会，也因为家人的支持，我得以不断求学，最终才有幸到了南红农场，遇到了改变我一生的袁隆平老师，遇到了那一株至关重要的“野败”。如今，我已年登耄耋，但仍坚持阅读书籍，不断学习新知识。学习的生涯永无止境，我要活到老、学到老。有书读，是我人生中最幸运的事情之一。

海口农校专业教育的岁月

1960年，我就读于广东省海口农业学校。其前身为国立琼山高级农业职业学校，海南岛解放后先更名为广东省海口农业技术学校，1952年定名为广东省海口农业学校，后几经更名，现为海南省农业学校。当时，学校拥有两个农场：一个是旧州农场，主要种植水稻、蔬菜；一个是位于现海口美兰国际机场附近的农场，主要种植甘蔗、芝麻等经济作物。我在旧州农场学习作物栽培专业，重点实践水稻栽培。

读农校对我的家庭而言负担较轻，因学费、住宿费及伙食费都由国家承担，仅需自理作业本与课本费用。学校每餐提供约半斤米饭，伙食条件相对家里来说是较为优渥的。校舍为海南军区后勤部旧址平房，规模宏大，教学与住宿环境良好。

那时候国家经济还比较困难，粮食紧张。我们偶尔手头上有一两元钱或者几角钱，会约同学一起坐船渡过南渡江，到附近农作物、农产品比较多的新坡镇买一些吃食。有时候也走路去距离学校2千米左右的旧州镇逛逛。学校每隔一段时间会在广场上放电影，偶尔也举办大型活动，丰富学生的课余生活。1962年国家经济复苏，学校举办交际舞教学活动，很多同学都报名参与，舞蹈热轰动一时，但我没有参与其中。我最大的爱好是跑步，长期在学校和家之间来回走路练就了我一双能走善跑的腿，以至于跳远我也很擅长。

在学校，我大部分时间专注在学习上，很少参加课余活动。我曾与两位好友组成三人学习小组，一起切磋、学习。遗传学考试前，我们会坐在一起你考我、我考你，互相提问遗传学里的细胞核、细胞壁等的作用之类的问题，深化对知识点的理解、加深记忆。

当时给我们上专业理论课的主要有三位老师：植物保护学的戴威老师，栽培学的张佩玲老师，遗传学的高照平老师。对我影响最大的是留学过日本的高照平老师，中专二年级的时候，他来教我们遗传学，讲孟德尔、摩尔根的遗传学理论、有性杂交理论，苏联的米丘林、李森科的无性杂交理论等。

高照平老师气质儒雅，外表温和且平易近人，但在教学中对学生的要求十分严格，态度严肃。他专注于教学，有时也做良种选育研究，在课堂上会将他个人的或其他专家的一些好的育种成果介绍并分析给我们听，其中包括黄耀祥的“广场矮”①水稻新品种。高

①“广场矮”，指的是黄耀祥院士团队育成的世界第一个矮秆杂交籼稻品种。1955年，黄耀祥首先利用“矮仔占4号”与高秆品种“广场13”杂交，经过多年的选育和试验，于1959年成功育成了“广场矮”。

照平老师除了在课堂上传授我们育种遗传学的理论，还亲自带领我们前往农场进行实践示范，到农村进行调研、研究与实践。

将理论结合实际去解决问题是我们学校一直坚持的教育理念。每上半年课就要下乡学习两个星期，相当于现在的实习，去熟悉老百姓的农业生产。在学校农场，我们主要学习如何选种、催芽、播种、育秧、插秧等一系列种植水稻的流程和方法，基本上要跟学完水稻的整个种植流程。正是在下乡实践期间，我认识了野生稻。

在农校的理论学习和下乡实践，为后来我发现“野败”奠定了一定的理论基础和实践经验。农业学习的过程辛苦但充满意义。经历过1959年困难时期的我，对粮食的重要性有着深刻的感悟，现在回想起来，更为读了农校而感到荣幸。农学的意义重大，因为农业解决的是吃饭问题、温饱问题，只有生存有了保障我们才能谈更高质量的发展。每当走在稻田中，我都能感受到水稻的生命力，因为那是关乎千千万万人温饱的生命力。

党的需要，我的志愿

1963年7月，我从海口农校毕业。那是一个充满激情与理想的年代，在学校的毕业分配大会上，老师一一点名并宣布分配结果，我们就拿着各自的分配通知单，怀揣着对未来的憧憬，领了学校发的车费，踏上了前往工作单位的征途。我被分配到位于通什市（今五指山市）的海南黎族苗族自治州农科所。有些同学被分配到其他县的农业技术推广站，也有几个同学被分配到华南热作院，都是专业对口的工作。我们当时觉得能分配到华南热作院是最好的安排，但分配不到我们也毫无怨言，因为在任何一个单位，我们都是为了党的事业、国家的繁荣而努力奋斗。

我们学校一共有五个人被分配到通什，我和其中的三人都是作物栽培专业的，但是不同班，还有一人是果蔬专业的。我们早上七八点钟从海口坐车，一直到下午5点多才到达通什，花费了八九个小时。那是我第一次坐路程这么远、时间这么长的车，加上山路弯弯绕绕了很久，到最后我因为身体不适应都吐了。回想起来，那一次的路程既漫长又煎熬，不过好在尽管当时是7月底，但山区里的天气没有那么炎热，当天我们就顺利到达了自治州农科所。

当时自治州农科所与自治州良种场是一个机构、两块牌子。农科所的工作以育种、研究理论为主，良种场主要负责具体优良品种的栽培、示范和推广。我在通什的头一年是在农科所，基本上就是做科研工作。

通什的生活条件很艰苦，但我们的心充满热情。我们单位那里叫建岛桥，最初是过去的部队建设起来的。在周围农村里，基本上每家每户都住茅草房。我们宿舍的条件还算好些，是瓦房。单位有一个食堂，一般是煮好了分一人一份，我们的伙食经常就是木瓜加点咸鱼，好几天才有一块肉。伙食很单一，没有什么特殊。不像现在的单位食堂，有很多菜、很多肉可以选择，过去是有钱都买不到好吃的。虽然我当时一个月的工资只有42.8元，但那时的钱很值钱，3分钱一个鸡蛋，所以是足够生活的。我经常给大嫂寄钱，贴补家用，当时大嫂在家既要照顾我母亲又要照顾她的小孩，非常不容易。

从建岛桥向北边4千米左右便是通什市内，向南边3千米就是南圣。建岛桥有一班公共汽车可以到通什，交通算是很方便的，我们买生活用品之类的都得去市里。

五指山里边是山区，土地以丘陵地、山坡地为主。我们单位征用农民的土地，有水田，也有坡地。水田一般是在靠近南圣河河岸、地势较低的地方，土壤比较肥沃，用来种植水稻。坡地就种一些果蔗、花生，还有蔬菜。我记得我们那时候种的果蔗，都是施的有机肥，吃起来像冰激凌一样，咬起来几乎是没有渣的，很脆、很甜。

那边的整个气候条件，对水稻的种植来说是适宜的。夏天会比三亚凉快，年平均气温比三亚就稍微低一点，受台风的影响相对于沿海地区要小。冬天低温，我们就不种水稻了，印象中最低温的时候只有七八摄氏度。大概过了春节后，2月开始播种早稻，四五月就可以收，之后就播种晚稻。晚稻一般在12月、元旦以前就收获完了。到2月之前的这段时间，稻田不种水稻，让土地休养生息，种些绿肥①，提高土地的地力。

我在通什的工作，是从农民的基本功开始做起的，犁地、耙地、播种，全都干。我们以前在海口农校里学到的东西，首先是农民的优良品德——勤劳。农民需要做的所有种植流程，我们都要重新自己做一遍，体会农民的辛劳。单位职工有工人和技术人员两种，犁地、耙地、播种这类具体的活一般由工人负责，技术人员则主要负责技术指导和安排工作的落实。一般来说，犁地、耙地等轮不到我们技术人员去做，但是我们一直坚持要跟工人一起干，跟工人打成一片，脚踏实地从基础做起。

1964年，国民经济基本恢复，农科所和良种场筹划分开。自治州政府拨款给农科所建房，1965年农科所搬到红沟村，良种场留在建岛桥。农科所重点做科学理论研究和育种，良种场做良种高产示

① 绿肥，把植物的嫩茎叶翻压在地里，经过发酵分解而成的肥料。这里指可以做绿肥的植物。

范和推广。农科所选育出的好品种，要经过良种场的示范才能推广，它们是兄弟单位。

农科所和良种场分开后，我留在了良种场做良种示范推广。后来，从海口农校一起被分配过来的五个人中，有人转去了银行工作，有人转了行政工作，到最后只有我仍然在农业领域坚守，一直到退休。

“党的需要就是我的志愿”，这是我们那一代人的信仰与追求。我们从不会对分配的工作产生抱怨或不满，因为在我们心中，国家的需要高于一切，人民的利益重于泰山。在通什的工作，虽然辛苦，却是我农业职业生涯的起点，是对在农校所学知识的实践检验，为我后来在南红农场近20年的育种工作打下了扎实的实践基础。

初次参加南繁育种

——向黄耀祥团队学习育种

1964年2月，自治州农科所派我到崖城良种场学习育种，到5月才回通什。那个时候广东省农业科学院粮食作物系正在崖城良种场做水稻南繁育种，这是我们国家做南繁育种比较早的一个单位，其中就有一位著名的水稻育种家，后来被誉为“中国半矮秆水稻之父”的黄耀祥①。

我们在学校学习的时候，老师曾介绍过黄耀祥1959年育成的“广场矮6号”，这是我国第一个通过人工杂交育成的矮秆籼稻品种，也是世界上第一个大面积应用的水稻矮秆品种。他1962年育成的“珍珠矮”在全国的推广面积也是很大的，亩产量很高，大概能达到七八百斤，长江以南，从苏南到浙江都有种植。“广场矮”和“珍珠

① 黄耀祥，广东开平人，水稻遗传育种及其应用基础理论研究专家，中国工程院院士，师从丁颖。

矮"都是已经研究成功的矮秆早稻（上半年种的叫早稻，下半年种的叫晚稻）。早稻和晚稻品种是不一样的，它们对光温条件的需求不一样。早稻是长日照作物，日照条件是由短至长；而晚稻是短日照作物，日照条件是由长至短。晚稻的米相对早稻会好一点，生长周期长，积累的养分就会比较丰富。过去的米质①都不太好，米质最高是三级米，"广场矮"和"珍珠矮"都是三级米，加上产量高，深受欢迎，推广面积很大。

当时黄耀祥团队主要在研究的是一个晚稻品种——"秋长矮"。因为那时候大部分晚稻还是高秆品种，高秆水稻容易倒伏，抽穗以后一旦有三级风吹过就全倒了，原来亩产可能有五六百斤的，倒了之后亩产可能就只有两三百斤，产量严重下降。所以到1964年，他们就想培育出一个矮秆晚稻。矮秆水稻不容易倒伏，就能保证产量的稳定，像"广场矮"和"珍珠矮"这些矮秆水稻的亩产就有七八百斤。

2月我去学习的时候黄耀祥不在崖城，对育种家来说，水稻从抽穗到成熟的这一个月的时间最关键，他一般到水稻抽穗扬花的时候才会过来。在水稻生长到孕穗这段时间里，则是他的助手留在良种场做水稻管理。等水稻抽穗了，再由黄耀祥对这些材料进行筛选。他会每天拿着棍子在地里，结合他的目标去挑选材料，这需要一双

① 判断米质的优劣，有一点是看大米的腹白，三级米的腹白大，肉眼看得很清楚，二级米的腹白基本上是透明的；还有一点是看直链淀粉，含量多的米质就好，口感上表现得黏软。

慧眼，得看得准。如果今年好的材料丢掉了，得等到下一年才能再一次筛选，相当于耽误一年的时间。所以育种家的眼睛一定要好，一定要脚踏实地地去观察。那时候广东省成立了一级良种场负责示范，农科所研究培育出来的种子要拿到良种场去种植示范，验收合格后才能推广。

学习结束，我将黄耀祥团队育成的“广秋矮”83号和33号两个水稻品系带回了我们单位进行高产示范推广。“广秋矮”是晚稻矮秆水稻品种，那时候我们种得比较好，产量很不错，差不多能达到每亩六七百斤，比我们之前种的其他高秆品种“溪南占”“木钦”的产量都高。虽然比不过“广场矮”和“珍珠矮”这些早稻的亩产，但那时晚稻亩产能达到六七百斤已经是很高的了。

在崖城良种场学习的那三四个月，我积累了重要的实践经验，巩固并丰富了我的育种理论知识。其间，我亲身接触到了南繁育种工作，并意识到南繁对于国家农业发展的重要性。那时，一颗名为“南繁情怀”的种子就已经悄然在我心中萌发。

发现“野败” 追忆南红

南红，因南繁而生

为什么叫南红?

当时西边有一个南滨农场，荔枝沟有一个南新农场，北边有一个南岛农场，都有一个“南”字，加上那时候刚好是1966年的“文革”，讲祖国红，就取了“红”字进来，叫“南红农场”。

一、丁颖与南红

南红农场的建立，与丁颖[1]有着密切的关系。丁颖，广东人，1957年，他出任中国农业科学院首任院长，是我国最著名的水稻专家之一，在水稻研究方面非常有权威。

我读书的时候，曾经在书上看到有关水稻起源的说法，印度人认为水稻的起源在印度，假如没有人提出异议，那水稻真正的起源就要被遮掩住了。正是丁颖，他通过考古学、历史典籍，结合中国

① 丁颖，我国著名农业科学家、现代稻作科学主要奠基人、中国科学院院士，被称为“中国稻作学之父”。

野生稻的分布，提出水稻的起源在中国，水稻是经过野生稻栽培而来的，野生稻在长江流域分布很广泛。从那时起，在水稻起源上我们就开始有了话语权。

三亚市南红良种繁育农场挂牌

在水稻育种方面，丁颖代表性地提出了南繁加代理论，想要加快育种必须到海南，因为海南的光温条件好。1963年年底，他的学生黄耀祥来到三亚进行水稻育种。1964年，丁颖向农业部提出要加快水稻良种繁育的提议，经农业部向国务院申请在海南三亚崖县这一带建立一个南繁育种场。1965年，农业部成立了一个领导班子，并拨款55万元来筹建海南黎族苗族自治州南红良种繁育场。

二、南繁人至

1966年南红良种繁育场筹建好，1967年我们自治州良种场的一套人马就都从通什搬了过来。

南红良种繁育场原来是三亚妙林大队的农场，我们征用了他们的土地。最初这边的土地是大大小小、高高低低的，参差不齐，还没有做规划和开发。我和符策豪、郭祝莲等技术人员，来到农场后的首要工作就是将土地进行平整和规划。当时一共有七八百亩土地，我们将其划分成一号公路、二号公路和三号公路，共三块田。

农场一开始只有杂交玉米、杂交高粱。杂交玉米是河南新乡的“新双1号”，这是我们国家早期选育的玉米双杂交种，当时在妙林搞示范。杂交高粱是“晋杂5号”。我们农场最初的制种、繁种主要就是做这两者。

海南拥有独特的光热气候资源，是进行作物杂交育种的理想之地。此前已经有不少育种家来到三亚南繁。南红农场成立后，当即成为南繁育种基地首选地。

1967年，来自北京、天津、河北、山东、山西、河南、安徽、内蒙古、黑龙江、陕西等17个省（区、市）的农业科研院所的育种专家纷纷来南红农场育种。这些单位培育的种类很多，有水稻、玉米、高粱、小麦、棉花、油菜、马铃薯、向日葵等10多种农作物。当时在农场最有名的是中国农科院作物所的自交系玉米品种“唐四平头”，这个品种特点很突出，产量高、品质好，油亮油亮的，呈金黄色。

当时南繁单位租用农场的土地，一亩地一造（季）大概是300元。科研人员把育种材料带过来南繁，我们提供土地和工人，由他们指挥工人怎么种。工人的工资是国家给的，如果工作比较烦琐就会再加收一点工人费，那么种一季的土地费和工人费总和大概在400~500元之间。

南繁单位过来制种，一般是一年种一季，11月来，第二年4月回去。在这一段时间里，他们家乡的光温条件不适合种植，但在海南可以种。他们在家乡种一季，在海南种一季，一年就可以种两季，这就加快了育种的速度。假如一直在北方一年只种一季，育种至少要10年。但来海南，时间成本减半，只需要5~6年。假如长期在海南，一年种三季，速度更快，如果是好材料、好品种，加上育种家的慧眼，3年时间就差不多了。

三、良种示范

早稻时期是南繁育种时间，每到三四月，来南繁的单位绝大多数回去了。4—7月，农田会空闲出来，这期间我们就种夏季肥料，也就是绿肥田青。7—12月中旬我们农场会种一季晚稻，即水稻的良种示范。晚稻收割以后，晒田，然后南繁的育种队就又来了。一年一年就这样不断地循环往复。

我们有时候也会自己研究培育新品种，但最多只会投入三分之一的技术干部力量。农场大部分时间是做良种示范。我们会跟一些农科所联系，看他们有什么好的品种，有时候他们提供同一品种不同编号的种子给我们，我们全都帮他们种，种出来后，由育种家挑选出品质最好的种子，由我们继续繁殖这个品种，再进行推广。

20世纪80年代分田到户，农场将部分土地分给职工个人自主种植。1986年我还没离开农场的时候，农场还会给职工安排任务，即按照良种示范的流程种水稻。比如，一号公路这个田是90亩地，一个班20个人，一个人负责4亩多地，农场指定好哪一块田种哪个品种，种出的种子由农场统一收购。再后来，农场自身就没有水稻良种示范的任务了，但南繁单位依旧每年“如约而至”。

三亚市热带农业科学研究院（妙林基地）石碑

1988年，海南建省后，良种场归到三亚市管理。2012年，南红农场和崖城良种场、三亚市农业科学研究所（简称三亚市农科所）等合并成了三亚市热带农业科学研究院（简称三亚热科院），以崭新的名片继续服务南繁、服务农业。

初识袁隆平老师

1970年，袁隆平老师团队向海南黎族苗族自治州写报告申请过来南繁，自治州农业局将他们安排到南红农场。7月中旬，袁隆平老师带领李必湖和尹华奇来到南红农场育种，那时他们做的主要是水稻不育系育种研究。

袁隆平老师过来农场的第二天，我就见到了他。当时农场领导介绍说是湖南安江农校袁隆平老师带两个学生过来做水稻育种。袁隆平老师一眼看过去就很和气，肤色比我黑得多，身材瘦瘦高高的。他跟一般的学校老师不一样，没有书生气，反倒像一个农民。李必湖和尹华奇跟我年纪差不多，都很帅气。农场里有一排瓦房，当时我们安排袁隆平老师住在瓦房的第二间。

我在海口农校跟高照平老师学习过孟德尔、摩尔根遗传学理论，知道水稻作为自花授粉的作物，不具有杂种优势，因此我能猜想到袁隆平老师的这个杂交水稻项目并不容易开展。当时我国已经有了

袁隆平在南红农场住过的房子（原瓦房改建）。摄于2024年7月11日

杂种高粱、杂种玉米，事实也证明杂交品种确实比普通的高粱、玉米品种高产很多。基于杂种高粱和杂种玉米的实践，我意识到袁隆平老师的课题是一个极其重要的科研课题——杂交水稻一旦成功也必然开创粮食增产增收的新局面，将解决当年困扰国家多年的粮食增产问题，解决人口大国的粮食问题！

我向领导反映了这个项目的重要性，于是他派我、符策豪和郭祝莲三个人一同来负责袁隆平老师在农场的事宜，同时也安排我们在袁隆平老师的育种团队里跟班学习。当时整个安排包括土地的安排主要是由我负责，我安排了二号公路中间最安全、最好的土地给袁隆平老师做秧地和试验田。袁隆平老师那个时候拿来差不多

1000~2000份的材料，我全程都跟着他们团队一起去工作，播种、插秧，水稻抽穗扬花后，也跟着做杂交工作。

冯克珊与袁隆平合影

我们在跟班学习中，一是学习田间杂交实践工作，二是学习水稻雄性不育的理论。袁隆平老师很平易近人，他早上会和我们一起下地帮忙干农活，指导我们怎样把活干得更好，带着我们给每块田编号，观察水稻生长情况；下午给我们上遗传学课，讲解孟德尔、摩尔根的遗传学育种理论，有时候尹华奇和李必湖也会给我们讲课和辅导。

袁隆平老师上课的时候曾跟我们讲起他的水稻不育系研究。1964年他在大田里发现一株雄性不育的水稻，雄花没有花药，他挖出来种，做杂交，发现雄性不育的植株有优势，从那时起他就开始研究不育系。他们将可育的品种跟不育的品种进行杂交，希望杂交出来的后代能够保持不育基因。比如说，母本A是50%不育品种，有50%是可育的，杂交的时候可育的穗子要全部剪掉，只留下不育的和另一个100%可育的品种父本B进行杂交。如果B这个品种是保持系的，理论上就能够使母本的不育基因在杂交中100%保持到后代，那么第一代杂交以后，可以得到不育率更高的种子，然后通过不断回交，后代种子的不育率可以一年比一年提高，直到100%。

他们曾到云南元江、广西、广东进行育种，但连续研究了六年都没有取得突破性的进展。于是他们拿着材料到南红农场继续育种，希望在这些品种中找到一个保持系，杂交六代后能够使不育率达到100%。

听完袁隆平老师的一番叙述，我对他肃然起敬。打破“水稻不具有杂种优势”的论断，袁隆平老师的研究在当时的农学界已经算是“天方夜谭”，但谁能想到他竟然坚持这件“不可能”之事已有六年，甚至更久。

“明知不可为而为之”并持之以恒，大概就是袁隆平老师的科研魄力所在。尽管当时谁也想不到，这位还没有什么名气、比农民更农民的农校老师在之后会成为“国之脊梁”——国际杂交水稻之父，但他的精神早已经令我们折服。因为袁隆平老师，我内心无比相信杂交水稻终将迎来成功。

秧苗曾遇洪水袭

1970年的盛夏，大约是在7月底，南红农场遭遇了一场前所未有的大洪水。连续五六天的倾盆大雨，使得洪水肆虐，水位迅速上涨，直至浸没大腿，深度达到六七十厘米。站在远处眺望，整片农场仿佛被一片浩瀚的汪洋所吞噬，昔日的绿意盎然被一片浑浊取代。

农场的房屋进了水，无法居住。政府派遣船只前来救援，将职工们转移到地势较高的羊栏地区。而农场附近，汤他水库和半岭水库如同两颗悬在头顶的炸弹，一旦水库崩塌，后果将不堪设想。因此，绝大部分职工都选择了前往羊栏避难。

当时袁隆平老师的试验田也未能幸免。他们的稻苗正处于秧苗期，刚刚在地里长了十来天。袁隆平老师心急如焚，不愿离开农场避难，倘若秧苗不能保存下来，不仅后续的研究工作难以继续，而且很有可能要从头开始，那耗费的时间可能又是另一个六年。为了抢救这些珍贵的秧苗，袁隆平老师和他的学生想出了各种办法。

我当时也很着急，想救这些秧苗。情急之下，我想起农场里那些闲置的门板和床板，它们原本是自治州农校解散后留给自治州良种场的物资。当自治州良种场与南红良种场合并时，这些物资也随之迁移到了这里。于是，我带领尹华奇到场部找到了领导，成功借到了这些门板和床板。

袁隆平老师的秧苗是按照方格整齐排列的，每个方格都插有标签。在袁隆平老师的指导下，我们根据秧苗的重要性和材料的不同，将被浸泡的秧苗连土一起用铲子小心翼翼地铲起来，然后排放在门板和床板上。大板排两行，小板排一行，我们就这样将秧苗一一转移到了二三百米远的高地上，确保了它们的安全。这一天的忙碌让我们都疲惫不堪，但当我们看到那些被成功转移的秧苗时，所有的疲惫都烟消云散了。

下午时分，洪水开始逐渐退去。我们这才暂停了转移工作，等待洪水完全退去。第二天，当洪水完全退去后，我们又将秧苗按照标签的顺序一一搬回原秧地。经过我们的努力，这些秧苗最终都被成功抢救了下来，不育材料得以保存，袁隆平老师这才松了一口气。

除了袁隆平老师的试验田，其他稻田里的水稻也受到了不同程度的损害。有些水稻被泥浆完全盖住，等洪水退去后，我们立即安排工人前往田里，用水将泥浆冲洗干净，让水稻重新站起来。我们当时都感叹，还好水稻没有处在抽穗期，不然花粉泡了洪水，前面的一切工作都将白费。

当年我很多宝贵的学习资料、工作笔记和老照片都被洪水冲走了，农场畜牧班养的那些猪和鸡也都被洪水冲走了，但好在农场里最重要的作物——秧苗绝大多数保存完好，也没有人员伤亡。

上下求索 终得“野败”

1970年10月下旬，袁隆平老师的水稻雄性不育材料开始抽穗扬花，我们迎来紧张的杂交工作。袁隆平老师安排尹华奇管理C系统，李必湖管理W系统[①]。杂交的这段时间里，袁隆平老师、尹华奇和李必湖在田间向我们传授水稻杂交的技术、方法和要领，教我们怎样鉴别水稻雄性不育的花药；在室内向我们示范怎样使用显微镜给花药染碘，鉴别不育和可育，教我们如何镜检。

抽穗之后，袁隆平老师发现不育系的材料仍然是一半可育、一半不育，不育率仍然是50%，没有提高。袁隆平老师很焦急，所以抽穗后不久他就上北京请教作物遗传育种学家鲍文奎[②]了。

一、困惑与提议

一开始袁隆平老师分配我去跟尹华奇学习杂交。尹华奇能说会

---

① 尹华奇负责的C系统是“广场矮”“珍珠矮”等系列品种和杂交后代，叶鞘均为绿色。李必湖负责的W系统是“矮脚南特”系列品种和杂交后代，叶鞘均为紫色。

② 鲍文奎，浙江宁波人，作物遗传育种学家，曾任中国农业科学院作物育种栽培研究所研究员、副所长。

道，表达能力很强，我们相处得很愉快。在和尹华奇跟班学习C系统材料的杂交时，我发现这些不育材料一半可育、一半不育，杂交的第一代也是一半可育、一半不育。我问尹华奇：“你们的雄性不育材料一半可育、一半不育，是怎么一回事?”尹华奇说：“现在就是要通过不同品种杂交、回交，培育出一个能保持不育率在95%以上的。现在这些不育的材料虽然有杂种优势，但还达不到应用的标准。我们搞大量的杂交工作就是为了解决这问题。”

尹华奇和李必湖负责的两个系统对应着两块田，我们大家做杂交的都不会随便穿插不同的田，一旦开始在这一块田做杂交，就要连续几天待在这一块田，不能“我去看你的，你来看我的”，直到基本上做完这边的活才能转移到另一块田，避免不同系统的植株串粉。11月上旬，我跟着尹华奇工作了十天左右，杂交任务基本完成，就转去李必湖的田里跟班学习。四五天之后，我观察到W系统材料的杂交后代也是一半可育、一半不育，跟尹华奇的一样。在杂交时，我问李必湖：“这现象是怎么一回事?”李必湖说：“为了这个问题，袁老师已经到北京请教去了。”

我想起来袁隆平老师给我们上课时，曾讨论过这个问题。当时他们杂交用的大部分品种是广东、广西、福建、浙江的，可能是因为这些品种亲缘太亲近，所以杂交后代的不育率就基本没有可能突破50%。袁隆平老师在上课时也强调过必须用远缘的杂交，一个是地理远缘，一个是血缘远缘。而野生稻就是我们水稻的祖宗的祖宗，属于血缘远缘，很多年前，野生稻经过人类栽培后，才慢慢演变成为现在的栽培稻。

当时我负责整个南红农场的规划，因此对农场各个地方的情况都了如指掌，知道哪里分布有野生稻。我跟李必湖提议说：“小李，你们的材料很多，但是你们干了六年，都没有突破，农场周围的野生稻很多，是不是用海南的野生稻进行杂交能够解决这个问题?”李必湖1966年从安江农校毕业，当时跟着袁隆平老师做杂交水稻已经几年了，我才接触三四个月，不到半年，他也是我的老师，有的时候我喊他“李老师”，但有时候也喊他“小李”，因为他比我小两岁。

李必湖听了我的提议，说：“可以嘛，要来试一试。”我说：“等到11月中旬野生稻抽穗后，哪个地方有我带你去要。”

二、挖得野生稻

我们做杂交一般在早上10点半前结束，下午不下地，袁隆平老师在农场的话就会给我们上理论课。

11月23日那天，尹华奇、李必湖和跟班学习的同志在试验田里杂交快要结束时，我说：“小李，我带你拿野生稻。”当时尹华奇带领包括从湖南来的周坤炉、罗孝和、郭名奇等人，拿着各株系的不育株回场部镜检。

我和李必湖从二号公路的试验田回到一号公路的铁路涵洞的林家田的水坑里找野生稻。我们当时是走路过去的，农场规划的稻田每一方格都是90米到100米不等，一号田是90米，二号田是95米，从我们做杂交的地方走过稻田，差不多是200米，再走下去100米左右就是那个涵洞的地方，一共就300来米。

到了水坑边，我指着水坑里的稻株对李必湖说：“这些就是野生稻。”他那时候还不知道这个是野生稻，它就长在路边，千人万人走过都不认识。我们卷起裤腿下水坑去挖野生稻。

11点钟前后正是野生稻开花的时间，我仔细观察着，就在水坑边发现一株几穗的野生稻正好在抽穗扬花，那花药很像袁隆平老师试验田里不育株的花药。可育的花药颜色是黄色的，很饱满，不可育的花药没有花粉，是白色的，很瘪小，而这株野生稻的花药正好是白色的，也很瘪小。我对李必湖说：“小李过来看，这株很像你们试验田里的不育株的花药。”李必湖看了后说：“是很像。”于是，我拔起这株野生稻交给小李，让他拿回场部做镜检。当时我们速度很快，下水坑之后，只花了十多二十分钟，就拿到野生稻了。

我和李必湖从一号公路回农场，走到半路时，遇到农场职工杨传精。当时农场里的水稻班分三个生产班，每一个班都有牛车。杨传精是其中一个班的班长，那天早上他用牛车拉农场的稻谷去部队三亚飞机场曝晒，中午回农场的路上刚好碰上我们，我们就坐他的牛车回农场。

回到农场时，尹华奇还在他们的住房门前做镜检，等他结束镜检后，李必湖就将我们拿回来的野生稻放在显微镜下染碘镜检。李必湖看了后，叫我过去：“老冯，你看一下。”我一看，花粉空瘪状、呈淡青白色，便说：“和你们试验田的不育株的花粉一样。”李必湖说：“这株野生稻是不育的。”之后李必湖把这株野生稻放在水桶里，下午的时候栽到了试验田里的一小块空地里。

三、命名“野败”

李必湖打电报给袁隆平老师说找到了不育的野生稻。袁隆平老师喜出望外，在北京忙完事情就坐火车赶回三亚，那时没有条件坐飞机，行程足足用了好几天。

袁隆平老师回到农场，再次对那株野生稻进行镜检，确定了它的确是不育的，他很高兴，连声说："高级！高级！高级！"并给那株野生稻取名为"野败"，说这对杂交水稻的研究会有很大的作用。

1971年春，安江农校育种队迁点时，那株败育型的野生稻"野败"就随着袁隆平老师他们移到荔枝沟的师部农场去了。

现在想来，为什么我当时能够在那个千人过万人过的铁路涵洞发现"野败"，这跟我的个人学习经验和实践积累有很大关系。在学校里，高照平老师给我们讲授了遗传学的理论，加上在学校农场的实践，我对野生稻有着深刻的认识。毕业后我被分配去通什良种场工作，特别是在被派去崖城学习黄耀祥团队的水稻育种期间，我对水稻育种的理论有了更丰富的认识和实践经验。在南红农场，我负责农场的规划、生产和科研，因此对农场各个地方的情况了如指掌，再加上我当时对袁隆平老师杂交水稻课题的重视和全程跟班学习，这一切都构成了我能够发现"野败"的前提条件。

假如袁隆平老师他们当年没有来到南红农场，而是去了其他地区，可能就没有这个机会找到"野败"，并以这么快的速度实现杂交水稻的成功。但我很清楚，杂交水稻必然成功，因为袁隆平老师有着扎实的杂交水稻理论基础和丰富的实践经验，有着锲而不舍的执着精神，有着心怀天下温饱的大爱情怀。

“三系”配套 杂交稻兴

一、执着信念

袁隆平老师1966年在《科学通报》上发表了论文《水稻的雄性不孕性》，当时国家科委九局局长赵石英刚好在病床上读到袁隆平老师这篇文章，觉得很重要，于是致函湖南省科委和黔阳农校（今安江农校），请他们支持袁隆平老师的这个研究。

当时袁隆平老师只是基层农校里的一位老师，有些大机构和有名的专家都不看好杂交水稻的研究。因为自花授粉植物在产量上是没有什么优势的，水稻正好是自花授粉，一朵花里有雄花和雌花，下雨天湿度太大，它不张开，就会在内部自己授粉，而且水稻是碳三植物，本身的光合作用率也比较低，它不如碳四植物玉米异花授粉的杂种优势高。

从1964年到1970年的上半年，袁隆平老师团队做的杂交水稻项目研究一直没有显著进展，质疑的声音很多。但袁隆平老师对事业和科研是极其执着的。"执着"这两个字是非常要紧的，没有执着，就很难成功。袁隆平老师坚信自己的理念是正确的，并坚持去做，不管任何的风吹雨打和反对，他都坚持下去，这是非常难能可贵的精神。

二、待到烂漫时

1970年下半年，袁隆平老师团队来到南红农场，特别是在发现了"野败"之后，中国杂交水稻的发展开始转折。

当时全国各地有多个省（区、市）的农业单位来南红农场南繁，做水稻制种的人有不少，做小米制种的也有很多人。1971年4月，袁隆平老师可能是考虑到项目的安全性，师部农场是由部队建设起来的，相对更安全，他就把"野败"移到师部农场，在那边继续做杂交研究。

冯克珊与袁隆平于师部农场合影

袁隆平老师最早做杂交用的是保持系

“二九南1号”作父本，不育系“野败”作母本，它们杂交出来就是F_1，F_1又杂交“二九南1号”得到F_2……不断地回交，四到六代的不育率基本上就稳定可以达到98%到100%。袁隆平老师做了三年六代，基本上就成功了。这个也符合孟德尔、摩尔根的遗传学理论。1972年，袁隆平老师成功育成中国第一个大面积生产上应用的水稻雄性不育系“二九南1号A”和相应保持系“二九南1号B”。1973年实现“三系”配套。1974年，袁隆平老师又用不育系“二九南1号A”和恢复系“IR24”①杂交出了“南优2号”，并试种成功。

此前的常规品种水稻杂交，也就是可育品种杂交，最高亩产是800斤左右，增产率最高有百分之五六，都算是优良品种。袁隆平老师的“南优2号”亩产则突破了1000斤，超过了保持系“二九南1号B”六七百斤的亩产量，比常规品种最高亩产增加了200斤，最低增产20%，增产率比常规品种高了三四倍。由此可见袁隆平老师的杂交水稻对粮食增产的贡献有多大。

三、扩大南繁

当时“野败”繁殖出来的植株，袁隆平老师并没有留着仅供自己研究，而是将不育系材料分送给全国其他各单位水稻专家进行杂交试验，比如，江西省萍乡市农科所的颜龙安、江西省赣州地区农科所的伍仁山、福建省农科院的杨聚宝等等。颜龙安、杨聚宝还曾经来南红农场向袁隆平老师跟班学习，参与全国水稻雄性不育系选

① “IR24”是国际水稻研究所选育的品种。

育攻关，从那时起全国杂交水稻大协作就开始了。按照我的个人认识，假如没有袁隆平老师正确理论的指导，没有袁隆平老师大公无私的精神，没有发现“野败”，没有这个大协作，中国杂交水稻是不会发展这么快的。

1975年12月，湖南省农科院主持水稻育种工作的副院长陈洪新去北京向华国锋副总理汇报杂交水稻的工作，提出利用华南沿海地区的有利气候条件，组织更多的育种人员“扩大南繁”，加速杂交稻种子的繁殖。华国锋副总理对杂交水稻研究给予高度评价，决定从中央拨款150万元用于加速推广杂交水稻，并由农业部主持在广州召开南方13省（区、市）杂交水稻生产会议，部署杂交水稻的推广工作。

1975年冬天，湖南省政府加大了杂交水稻推广的力度，组织育种大军赴海南岛制种，拉开了全国大规模南繁制种的序幕。从那一年开始，湖南、广东、广西等各省（区、市）农业体系的大量单位都来海南进行不育系杂交水稻的繁制种。各地的农业体系单位，有的是农科所，更多的是有经营性质的种子公司。不同地区需要不同品种，一个省，甚至一个县就会有好几拨育种人。当时杂交水稻最高种植面积达到20万亩，遍及三亚、陵水、乐东、保亭、东方、昌江、万宁等地。

开拓创新无止境

各地方的不育系杂交水稻制种都不一样，关键是要结合各地方的气候特点研究适合种植的品种。不同地区的水稻生育期不同，因此要根据生育期的长短去研究杂交品种和制种，比如说，10月以后冷空气就要来，就必须在这之前收割，生育期比较短的地区就要研究出生育期短的品种。

海南的生育期相对较长，可以种生育期长一点的品种，所以后来在海南推广比较多的品种是生育期较长的"汕优6号"。还有一些单位是做"威优"，这个品种生育期就相对短点。

一、杂交稻的优势

一开始各单位的杂交制种产量都不太高，一般就100多斤，但杂交种用种量少，一亩地只需要用3斤种子，150斤左右的种子就能种50亩地。当时常规品种一亩地最少要用20~30斤种子，150斤左右的种子最多只能种七八亩地。比如"珍珠矮"，一般亩产800斤左右，最多只能种40亩地。相较之下，杂交种极大地节省了种植成本，加之产量又高，经济价值就提高了。

后来种植技术水平提高，育种家掌握了气候规律，知道什么时间播种和收穗最好，杂交制种产量都提高了。最高制种量有400来斤，一般平均有300~350斤。我那时候在南红农场制种亩产一般是320~360斤。现在杂交稻的制种亩产普遍最低都有300斤。

二、“明恢63”

到20世纪80年代，比较具有代表性的杂交稻品种，有颜龙安老师的“汕优6号”。20世纪70年代末到80年代初期，这个品种的推广面积是最大的，产量有1200斤以上。但不管是“汕优6号”，还是“威优”和“南优”，这些杂交组合抗病性都不高。1983年稻瘟病暴发，它们不抗稻瘟病，产量就降低了，杂交稻的种植面积就从高峰期慢慢下降了一点。

1980年，福建省三明市农科所的谢华安老师根据杂交水稻“三系”配套理论，在三亚培育出了“明恢63”，抗性很强，抗稻瘟病，产量也高，亩产有1200斤以上，米质差不多能达到二级米。这个品种配哪一个不育系产量都很高，抗性都很好，米质也很好。

“明恢63”后来成为中国杂交水稻历史上父本恢复系材料中贡献最大的亲本，是中国杂交稻组合配制中应用最广、种植面积最大、持续时间最长、效益最显著的恢复系。它的适应性广，对土地的要求不高，即使种在贫瘠的土地上，栽培方式比较粗放，水稻也会长得很好，产量很高，最低都是1000斤；如果土地肥沃，更精细地去栽培，它的产量能够更高。

谢华安老师的“明恢63”出来以后，与之相配的杂交水稻种子就开始走上了高质、高产、高抗的道路。

三、“三系”转“两系”

继“明恢63”，到“Ⅱ优”水稻产量更高，再到光敏不育之后产量更高。1973年湖北省沔阳县（今仙桃市）农业技术站的石明松在“农垦58”大田中，发现光敏感核不育水稻“农垦58S”。这个材料雄性不育到可育的育性可以相互转化，在夏季长日照条件下是不育系，可作为配制杂交种的母本；在秋季短日照条件下是可育的保持系，可育自交繁殖种子；也就是说不育系本身就是保持系，一系两用，方便简单。它的缺点是受环境条件影响很大，在温度变化较大的时候，不育性较难控制，因此不像三系杂交水稻那样能得到大面积推广。但是光敏感核不育水稻的发现，拉开了两系法杂交稻的序幕。

1986年，袁隆平老师开始从三系杂交水稻研究转向两系杂交水稻研究。1995年，“两系法”杂交水稻研究就已经取得了突破性进展，可以在生产上大面积推广。2013年在国家科学技术奖励大会上，袁隆平老师团队的“两系法杂交水稻技术研究与应用”获得了国家科学技术进步奖特等奖。“两系法”是继“三系法”杂交水稻之后的又一重大创新，水稻亩产量有了新的提升，繁制种的环节进一步简化，大大节约了时间和成本，为我国粮食安全作出了崭新而巨大的贡献。现在三系杂交稻还有人种，但两系杂交稻的产量更高，推广也就更多一些。

杂交水稻成功之后，油菜、小米的制种也开始借鉴杂交水稻的模式，都取得了很大的突破。

从20世纪60年代"珍珠矮"亩产七八百斤，到20世纪70年代"南优2号"突破1000斤，再到20世纪80年代"汕优6号""明恢63"突破1200斤，两系杂交水稻1400斤甚至提高到接近2000斤；从不抗稻瘟病到抗稻瘟病；从普遍的三级米质发展到二级米质，再到如今普遍的一级米质；从易倒伏的高秆品种到不易倒伏的矮秆品种；从常规品种到三系杂交水稻，再到两系杂交水稻……水稻的每一次飞跃，都是袁隆平老师、颜龙安老师、谢华安老师、邹江石老师、罗孝和老师等无数农业科技工作者智慧与汗水的结晶。他们不畏艰难，勇于探索，以坚定的信念和不懈的努力，推动水稻育种技术不断前行。从最初的矮化育种到杂交优势的利用，再到两系乃至超级杂交水稻的培育，每一步都凝聚着农业科学家的创新精神。水稻的发展必然会继续开拓出更好的新局面，农业人的脚步不会停歇，袁隆平老师的"禾下乘凉梦"离我们越来越近！

杂交不简单

杂交，通俗来讲就是要从优中选优，选种很重要。比如：从水稻品种“农垦58S”里把光敏感核不育的良好基因转移到另一个品种，选出优势更大的不育系；有些品种虽然产量低，但是抗性基因比较好，那育种家就要把这个抗性基因转移到后代品种。因此，育种家一定要有一双慧眼，下地里去观察，将符合标准的种子选出来。如果不下地观察，往往就错过了好的材料而留下次的材料。

杂交制种时需要特别关注的是各个组合的生育时间长短问题。袁隆平老师曾带着做杂交稻的一个农民制种专家——张理高[①]，他总结出来的杂交制种的关键就是要在花期相遇与调节上下功夫，根据父本、母本的生长特征，预测花期。要依据不育系和恢复系的抽穗时间差，确定播种和插秧的顺序。如果不育系抽穗时间长一点，恢复系时间短点，就必须先插完不育系后插恢复系；反之，则先插

①张理高，江西省萍乡市湘东区排上镇人，湘东制种行业开创人，坚持南繁制种几十年，曾任萍乡市种子管理站站长、种子公司经理，1995年全国劳动模范。

恢复系后插不育系。

最初，育种家们用不育系稻株与"IR24"进行杂交制种时，普遍遭遇了一个棘手的问题——不育系水稻的包颈现象。在正常情况下，水稻孕穗达到百分之八九十时，叶鞘会自然裂开，穗子随之长出。然而，这些杂交出来的不育系水稻却表现得不尽如人意，它们的抽穗率仅有20%左右，绝大部分的穗子被紧紧包裹在叶鞘之中。

抽穗率的低下直接导致了杂交种子的数量锐减。在田间，我们通常按照2行父本、8行母本的配置进行种植，母本就是不育系水稻。当不育系的抽穗率仅有20%左右时，其可杂交率自然也随之大幅降低，进而影响了杂交种的产量，使得经济价值大打折扣。

为了解决这一问题，最初的方案是人工将叶鞘的包打开，即"剥穗"，以帮助水稻顺利抽穗。然而，这一方法不仅工作量巨大，费力耗时，而且制种量也极为有限，通常只有100来斤。因此尽管杂交种展现出了明显的优势，但其经济价值仍然相对较低，难以得到大规模的推广和应用。

面对这一困境，育种家们迎难而上，不断探索新的解决方案。最终发现，利用赤霉素（俗称"九二〇"）对母本进行喷洒，可以显著促进水稻的抽穗。这一方法使得95%以上的稻株都能正常抽穗扬花，不仅极大地减少了人力投入，还确保了不育系稻株的出粉率，稳定了杂交种的产量，从而显著提高了杂交制种的经济价值。

当母本抽穗扬花后，为了确保授粉的成功率，工人们又开始了另一项艰苦的工作。他们需要在清晨时分，手持长长的棍子深入稻田，轻轻拉动稻穗上的露水，使其尽快蒸发，以便稻穗能够早点晒干提高授粉效率。这一过程中，工人们常常会被露水打湿全身。尽管是在北纬18°地带，清晨也是比较寒凉的，但工人们即使衣服湿透了也要坚持把一亩亩水稻的露水赶完。

早上9点半前后，露水开始干了。父本恢复系水稻开始扬花，就该准备人工授粉了。最初人们就采用竹竿一行一行地“赶花”进行授粉，但这种方法效率较低。后来，有人想到了用长长的绳子将每一行父本从田间两端同时拉下，利用父本高、母本低的自然落差，使父本的花粉能够顺利落在母本的柱头上。这一创新方法极大地提高了授粉的效率。

我们农场曾经自己做过一个品种，用黄耀祥老师的“珍珠矮”作母本杂交袁隆平老师的“二九南”，属于近亲缘的品种间杂交。“珍珠矮”一般产量是800斤左右，“二九南”更高产，通过与之杂交，把高产的优势导进“珍珠矮”，一般最高增产6%左右，是比较好的成果。20世纪70年代末到80年代初，我们主要是做颜龙安老师培育出来的“汕优6号”，即使用不育系“珍汕97A”为母本和恢复系“IR26”为父本杂交制种。这个品种当时在全国的推广面积是最大的，亩产有1200斤以上。

通过杂交得到的后代品种中，有好的也有不好的，在推广过程中人们会进行筛选，高产则继续推广，不高产则被淘汰。这意味着成果不是用嘴巴说出来的，我们干农业的必须是脚踏实地的务实家，只有用心用眼去观察和研究，不断培育出好种子、开创和总结出高效率的种植方法，让大地里长出来更多更好的果实，让农民增收，让人民吃到好东西，才能真正获得农民认可、人民认可。

两个特别稻种

过去在南红农场，除了服务南繁单位，我们主要的工作是水稻制种，做良种示范。我们做的种子主要面向海南本地进行推广销售，因此会根据本地的实际需要选择所要培育的品种。比如，万宁适合种植某个水稻品种，有种子需求，我们就繁育以供应相应品种的种子。还有一种情况是省里指定需要我们繁育的品种。

20世纪70年代末，海南黎族苗族自治州农业局局长杨高蔚带了两个水稻品种来南红农场，要求我们加强培育。因为这两个品种的大米品质都很高，所以我印象很深刻。

一个品种是“越南香”，是很高级的晚稻品种，不仅品质好，而且很香，一煮熟，起码方圆三五十米都能闻到它的香味。我们第一次种的时候，亩产有300多斤，它是高秆品种，容易倒伏，产量不高。我们农场的栽培技术算是比较高的，但是我们种植的时候最高亩产也只能达到400多斤。假如当时用矮秆作为父本，用“越南香”作为母本进行杂交，把香的基因转移到我们中国的矮秆品种上，虽然可能达不到“越南香”的香味，但起码保留百分之八九十的香味是可以的，还可以增加产量、加快繁育速度。但当时我们要做的是保持“越南香”品种原汁原味的香味，所以没有对它进行改良。1986年我离开农场后，基本上没有人再种这个品种了。如果现在“越南香”还有人种，按照我的个人经验去定价，以它的品质可能最少都要卖到40元一斤。

还有一个品种叫“高蛋白”，米粒是白色透明的，品质很好，亩产800多斤。它煮熟后又松又软，放在电饭煲里三天都不会变味。它是很好的品种，如果用来做种子杂交，产量可能稍微高一点，但以当时的技术条件最多只能突破3%左右，不见得很有优势，反而可能影响到原来的高品质。

冯克珊在稻田里

我在栽培"高蛋白"的过程中，曾选育出一株变异株。我们在育种的过程中，会时刻注意观察水稻的穗形、成长高度。当时我和平时一样在稻田里转悠，观察"高蛋白"植株的生长情况，远远地我就发现有一株"鹤立鸡群"，它比其他植株都要高一点。于是我猜想这是一株变异株，它的种子极有可能与众不同。果然，等它的稻穗快成熟的时候，去掉米壳，米粒是淡黄色的。之后我用这株变异株的种子再种了两三亩地，长出来的水稻品质很不错。苦在当时这个种子没有拿去进行正式审定，不能随便推广，只能在农场里自己种。种子一般要经过省级的筛选，再上送至国家种子站做鉴定，通过后才能推广。[①]不是我们想种哪就种哪，所以当时那变异株就被扼杀在摇篮里了。

"越南香"和"高蛋白"种出来，主要是春节时期供应给特定人员，没有做推广。我们培育出的种子所有权归属单位，是国家的财产，我离开农场的时候，都毫无保留地把种子移交给了农场。后来这两类品种的种子随着农场的转型发展逐渐销声匿迹。在我看来，即使以现在市场经济的标准来衡量，这两个品种也肯定属于比较优质的一类。

① 如果某个品种的种子要推广，就一定要走国家规定的种子示范程序，种子选育出来后要送到地区种子部门鉴定。因为每个品种都有自己的适应范围，在这个地区适合种产量就高，在另一个地区不适合种产量就低，所以选育出来的种子必须进行示范鉴定，确定它的适宜种植范围之后才能有针对性地进行推广。如果盲目推广，就会给不适宜种植的地区造成经济损失。

不求名利求史实

当年“野败”的材料，我全部给了袁隆平老师团队。我的同事符策豪用海南话说我傻，不留下一点材料自己做研究。他是华南农业大学遗传育种专业毕业的，专门学遗传育种，所以非常明白“野败”对于水稻育种的重要性。我是作物栽培专业，栽培学、遗传学、植物保护学的理论都学，但是不精专。袁隆平老师是第一个做不育杂交水稻的专家，从1964年发现第一株雄性不育株到1970年一直在做研究，他的技术和经验肯定比我们丰富，“野败”在他们手上能做出最好的成果。从1970年7月到11月，我们接触才三四个月，但当时大家都很淳朴，加上我对袁隆平老师很尊重，所以我没有私心地把“野败”全交给李必湖，由他拿给袁隆平老师。

1971年4月，袁隆平老师他们去师部农场后，把“野败”的相关材料都带了过去。我还是在南红农场负责育种示范的工作，所以也不清楚袁隆平老师的水稻不育系育种研究项目后来的进展具体如何。

一、特等发明奖

1981年6月6日，国家科委、国家农委联合召开授奖大会，授予全国籼型杂交水稻科研协作组袁隆平等人特等发明奖，袁隆平老师团队的杂交水稻成功了！这是新中国成立以来国家颁发的第一个特等发明奖。那时我们知道杂交水稻在1975年前后曾在我们海南三亚种植推广，但不知道它的影响那么大。

我们过去的成果意识很淡薄，在农场做出过很多高产的品种，都没有申请高产认证审定，最多就是请场领导来看，表现特别突出的，也只会请上级领导来看，这样子就过去了。1981年授奖大会召开，我们才意识到这些都是技术成果。那时候我们技术人员都是领农场的工资，我们认为这些成果都是党和国家培养我们做出来的东西，最后交给人民、回馈人民都是应该的。虽然当时生活很艰苦，但是读农校免费，也给分配工作，这是国家和人民提供给我们的便利条件，我们常怀感恩之心。因此在我们看来，工作是为了国家和人民，不会计较太多工作成果和名利，觉得只要工作对得起人民、对得起自己就行。

召开授奖大会的同一天，《人民日报》登出文章《杂交水稻为什么能够很快育成和推广》，里边写道：“李必湖在一片沼泽地里找到了雄性败育的普通野生稻，为杂交水稻的育成奠定了基础。”看到那份报纸的时候，我才知道原来野生稻对杂交水稻的成功起了这么大的作用。当时我刚好在农场开会，内心十分激动，当场就向农场的领导反映：“野生稻是我带着李必湖去找的。” 虽然报道里没有我的

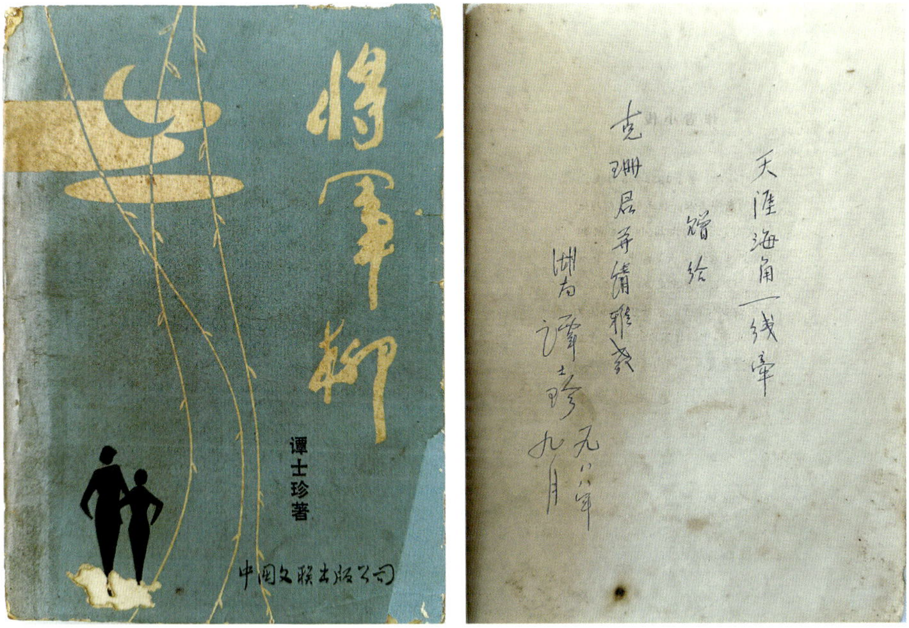

谭士珍赠给冯克珊的《将军柳》

名字，但我与李必湖一起在南红农场发现了“野败”是历史事实，海南三亚在杂交水稻的繁育上起到了非常重要的作用。

二、反映史实

1988年，湖南省准备新中国成立40周年的献礼，计划写袁隆平老师的传记。作家谭士珍[①]听说1970年的时候袁隆平老师主要是在南红农场，有一个叫冯克珊的人主要参与了袁隆平老师的工作，于是他就来三亚采访我，他当时在兴华楼住了两天。谭士珍写过《朝

①谭士珍，湖南省新邵县人。1949年参军，历任文书、参谋、创作员，怀化地区文联副秘书长、副主席，当代作家。1955年开始发表作品。1983年加入中国作家协会。著有长篇小说《女匪》，长篇纪实文学《袁隆平》，散文集《将军柳》《烟雨蒙蒙》等。中篇纪实文学《袁隆平浑名考》获1989年全国晚报连载特等奖。

阳花》《将军柳》，他还送了一本《将军柳》给我。他说袁隆平老师在海南南红农场发现了这株“野败”以后，加快了中国杂交水稻获得成功的速度。

当时我们单位订了《海南日报》《南方日报》，主要是海南省内的报纸，所以我对外界报道“野败”的情况了解不多。我跟他详细讲述了这株“野败”是如何发现的，还直接带他去南红农场发现“野败”的地方，也去了师部农场。

那个时候海南刚刚建省，三亚市还没有开始公路建设，发现“野败”的那块湿地还在。我借了别人的胶卷照相机，拍了很多照片，但后来因为我操作失误，胶卷损坏，整个记录都因此丢失。

谭士珍作家的到来，就像给我打开了陈述历史的大门，我决定向袁隆平老师陈述当年发现“野败”的历史经过。于是我写了《我和李必湖同志是怎样发现野败的》，拜托谭士珍帮我拿回湖南转交给袁隆平老师。

1988 年到 1991 年，差不多三年时间过去了，我没有收到袁隆平老师的回信，于是决定亲自去拜访他。袁隆平老师白天比较忙，我傍晚才过去找他。当天袁隆平老师和朋友有约，我去的时候，他的朋友已经到了，袁隆平老师特意取消了约会，说他跟老冯有一些重要事情要谈一下。那时候袁隆平老师让我再写一次说明，讲讲“野败”是怎么发现的。我就回去再写了《这株野败发现的事实情由》，写完后直接给了袁隆平老师。我第二次找袁隆平老师的时候，他的夫人邓则也在。他们看完我写的信件之后，说事实应该是冯克珊协助李必湖发现“野败”。

我向袁隆平老师陈述这个历史事实，并不是想要争名利或者奖金，只是因为这个事实很重要，是一定要讲清楚的历史面貌。

三、达成共识

不久之后，这件事得到了全国杂交水稻专家顾问组组长、海南省的农业顾问陈洪新的关注。1992 年，陈洪新在三亚鹿回头参加“八六三会议”，袁隆平老师和我带着材料去向他汇报了这个情况，他看完材料后跟袁隆平老师讲，他们会针对这件事去做调查研究，如果这个是历史事实，应该要还原历史，给老冯一个说法。

2018 年 3 月 24 日，袁隆平庆祝陈洪新（左二）百岁生日（左一冯克珊，辛业芸提供）

陈洪新写信给当时的海南省委书记邓鸿勋反映了这个事情，书记转发给分管农业的副省长陈苏厚。副省长给农业厅和科技厅下达批示，请他们对这件事情进行调查研究。很快农业厅科技处处长罗平就带领一个科长到南红农场调研1970年的相关情况。农场领导和职工们都提交了相关证明材料给罗平处长。最关键的是，当年我和李必湖挖好野生稻返程时，遇到的那位拉牛车的班长杨传精也写了证明。罗平处长向袁隆平老师他们反馈了这个调查结果，袁隆平老师就直接以个人名义为我写了一份证明材料。

后来，湖南杂交水稻研究中心派他们的书记谢长江来南红农场进行调查。我带他去了袁隆平老师当年的试验地和发现“野败”的地方，并找了杨传精出具证明给他带回去。袁隆平老师再次以湖南杂交水稻研究中心的名义写了一份证明材料，指出“李必湖和冯克珊两位同志对发现‘野败’均作出了重大贡献”，并加盖了单位的公章。谢长江书记将证明材料的复印件从湖南寄给了我，原件留在袁隆平老师那边存档。

至此，海南和湖南两方对这一历史事实达成共识。海南省农业厅正式召开了单独会议，确认我于1970年11月23日在南红农场跟袁隆平老师搞杂交水稻期间发现“野败”，承认我是“野败”发现者之一。

在这整个过程中，我获得了袁隆平老师莫大的理解和支持。袁隆平老师是十分尊重历史事实的人，于是写了“这株野败是李必湖和冯克珊共同发现的”。我一不图名、二不图利，能还原这样一个历史事实，我已经心满意足。

恩师认可

——荣获袁隆平农业科技奖

2004年，经过袁隆平农业科技奖励基金会精心提名推荐与层层严格评审，第三届袁隆平农业科技奖的获奖名单终于尘埃落定，这份沉甸甸的荣誉名单上，闪耀着冯克珊、李必湖、颜龙安、谢华安、邹江石五位农业科技人的名字。当这份名单公布于世，基金会即向我发出了前往湖南领奖的诚挚邀请。

颁奖大会在湖南隆重举行，现场气氛热烈且庄重。当时的农业部部长、科技部的一位副部长以及湖南省相关领导在场，海南三亚师部农场场长郑居忠以及《三亚日报》的资深记者也专程出席，共同见证。袁隆平院士在会上发言："这个奖项主要奖励在农业科研、教育、技术推广方面作出重要贡献的农业科技人员。"

能和四位科学家（他们后来有人当选为院士，有人发展为厅级领导）同台领奖，我觉得无上荣幸。获得袁隆平农业科技奖，对我而言，不仅是对发现"野败"这一重大事实的充分认可，更是对

2004年9月8日，袁隆平农业科技奖颁奖仪式在长沙国际杂交水稻与世界粮食安全论坛会议上举行

"野败"在中国杂交水稻事业中所发挥关键作用的高度肯定。这份荣誉，是我农业职业生涯中的一座至高丰碑，是对我这么多年辛勤耕耘、服务南繁的肯定，同时也肯定了我在杂交水稻工程上为国家、为人民、为社会所作出的贡献。

袁隆平老师是我的长辈，是导师，更是恩师，他的名字与这份奖项紧密结合在一起，既是至高无上的荣誉象征，也是对我退休之后继续服务南繁、为农业科技事业贡献力量的巨大鼓舞与鞭策。

袁隆平老师对杂交水稻科研事业的执着追求、大公无私的精神风貌以及大教授的高尚风范，对我产生了极为深远的影响。袁隆平老师的精神犹如一盏不灭的灯塔，点亮了我的人生，照亮了我前行的道路。1970年能够有幸参与袁隆平老师领导的杂交水稻工程，成为这一伟大事业中不可或缺的一员，我深感荣幸与自豪。发现"野

2004年，冯克珊（前排左一）获袁隆平农业科技奖证书

败”，虽然源于一个偶然的机会，但正是这一次不经意的寻找与观察，如同一把钥匙，打开了中国杂交水稻研究的新纪元之门，为中国乃至世界的粮食安全事业作出了不可磨灭的贡献。当时国家正面临着粮食短缺的挑战，正是袁隆平老师的高瞻远瞩、不懈追求以及正确理论的引导，激励和指导着我们不畏艰难、勇往直前，去寻找那抹可能改变国家命运的绿色希望——雄性不育野生稻。

“野败”的发现，是团队合作的结晶，是无数次失败后依然坚持不懈的结果。我深知，真正让“野败”焕发出耀眼光芒的，是袁隆平老师团队的不懈努力和卓越贡献。正是袁隆平老师团队的共同努力与无私奉献，才使得中国杂交水稻研究在短短几年内取得了举世瞩目的突破和成功。他们不仅成就了“野败”，成就了我，更开启了无数农业科技工作者的梦想与未来。

缅怀袁隆平老师

2021年5月22日，杂交水稻之父袁隆平老师走了。

您走之后，每天我都在想念您。您热爱三亚这块南繁宝地。我脑海里总浮现出您在试验田里走来走去、仔细地观察您的宝贝“杂交水稻”的画面。您那熟悉的身影、慈祥的面孔仿佛就在我眼前，我激动地喊一声：“袁老师您好！”但您的身影缓缓地走远了。我流下两行热泪，袁老师您一路走好……

往事，历历在目，仿佛是昨天的事。我和袁隆平老师认识、共事，一共50多年。1970年7月中旬，他带尹华奇和李必湖来南红农场开展南繁育种杂交水稻研究的课题。当年我27岁，是南红农场技术员。与袁隆平老师初次见面，他给我的第一印象是特别平易近人，穿着简朴，毫无架子，很亲和。他带来约1000份育种材料，播种工作量很大，是很辛苦的。他猫着腰，汗流浃背，认真播种的姿态，在洪水中抢救秧苗的身影时常浮现在我的眼前。他吃苦耐劳，是言传身教的楷模。

袁隆平老师上午和我们一起下试验田中耕除杂草，观察每个品种的生长情况；下午给我们上课讲杂交水稻的遗传理论、远缘杂交理论，并讲他研究雄性不育株的情况和遇到的瓶颈。尹华奇负责C系统，李必湖负责W系统。1970年11月23日，在袁隆平老师的思路指导下，我和李必湖在南红农场铁路涵洞的水坑边发现一株雄性不育野生稻。经镜检，很像袁隆平老师要找的不育株的花药，他们当即电告在北京的袁隆平老师。袁隆平老师日夜兼程赶回三亚南红农场，仔细镜检这株野生稻的花药后，高兴地说："是不育的!""高级！高级！高级!"这株野生稻，袁隆平老师命名为"野败"。

经三年，他用这株"野败"杂交"二九南1号"，育成我国杂交水稻第一个应用于生产的雄性不育系——"二九南1号A"。"三系"配套成功，"南优二号"亩产超千斤，增产20%以上。1975年、1976年大面积推广杂交水稻，全国各地种植杂交水稻增产丰收的喜讯频频传来。

20世纪八九十年代，我把杂交水稻带回老家，送给亲戚朋友种植，家家户户高产丰收。当我再次回家时，他们高兴地拥上来问我："四公，您给我们的是什么稻？从来没见过这么好的水稻，这么高产的水稻。"我说："这是袁隆平老师的杂交水稻。"他们说："袁隆平老师真了不起，是个大人物。我们农民要好好种植杂交水稻，报答他。"

每年，我都要去探望袁隆平老师一次。上次是2020年元旦到师部农场探望他，与他促膝长谈，关于他的超级稻和南繁基地建设……他和我留影，万万没想到那是最后一次。

2021年5月22日13时07分，我接到辛秘书来电："袁老师走了。”我瞬间就哽咽住了，说不出话，眼泪汪汪流着，心已飞去长沙了。5月23日，我和孙子、二女儿飞到长沙，已是晚上7点半，下榻宾馆后立即出去买花，但宾馆四周的花店早已售空。我们打的士跑了大半个芙蓉区才买到三束花。24日早晨7点半，湖南杂交水稻研究中心来车接我们前往中心，中心的马路两旁全是花的海洋，挽联条幅飘动着，追悼会现场人山人海。我们跪拜袁隆平老师遗像并献了鲜花。中心杂交水稻国家重点实验室主任邓启云扶我起来，说：“冯老师，您辛苦了。”我说：“不辛苦，应该的，应该的……”在邓启云主任和袁隆平老师秘书杨耀松的安排下，我们到袁隆平老师家中灵堂上香，并探望邓则夫人。9点半我们到阳明山殡仪馆铭德厅参加遗体告别仪式，在低沉哀乐中，袁隆平老师那带着慈祥面容的遗体盖着中华人民共和国国旗，静静安详地躺在鲜花翠柏中。我那双浸润的眼睛望着袁隆平老师，无声地说：“您一路走好！”我抬起沉重的脚，慢慢地走出铭德厅。

2020年元旦，冯克珊到师部农场探望袁隆平

从湖南回来后，袁隆平老师那慈祥的面孔常常浮现在我面前，说：“一粒种子改变世界。”“发展杂交水稻造福世界人民。”我们都见

2024年袁隆平逝世三周年，冯克珊（左二）、曹兵（右一）等人前往袁隆平铜像所在地献花

证了袁隆平老师三系、二系杂交水稻、海水稻的成功。他那执着的科研精神与大公无私的精神激励着无数南繁科研人员，沿着他的步伐培育出更多更好、高产超高产的杂交水稻，实现他的“禾下乘凉梦”。

2022年5月22日，是袁隆平老师逝世一周年纪念日。海南省人民政府、三亚市人民政府铸造杂交水稻之父袁隆平铜像，铜像坐落在水稻国家公园。当天举行隆重的落成仪式，海南省委常委、三亚市委书记周红波发表讲话，号召我们学习袁隆平老师的高贵品质和崇高风范。前来参加落成仪式的还有湖南杂交水稻研究中心、报社、电视台媒体、南繁科研人员、政府各界人士、团体、农民、学生，共同悼念袁隆平老师，十分隆重。这尊铜像栩栩如生，像袁隆平老

冯克珊出席2023袁隆平南繁育种历程回顾座谈会暨《南繁情——三亚荣誉市民袁隆平》新书发布会

师在水稻公园炯炯有神地观察水稻，像他在南繁基地看他的超级杂交稻——"超优千号"。

2023年5月22日是袁老师逝世二周年纪念日。由海南大学副校长曹兵主编的《南繁情——三亚荣誉市民袁隆平》一书举行隆重的发行仪式，这是纪念袁隆平老师的最好的礼物，印证袁隆平老师一生研究杂交水稻的奋斗精神，印证他南繁的足迹和丰功伟绩，激励南繁科研人员沿着他的步伐前进。

2024年5月22日是袁隆平老师逝世三周年纪念日。海南省人民政府、三亚市人民政府在南红农场设立"野败"发现地纪念石，实现了袁隆平老师生前想在南红农场发现"野败"的原址立碑纪念的

2024年5月22日，三位“袁隆平农业科技奖”获得者冯克珊（中）、曹兵（右）、柯用春（左）与“野败”纪念石合影

遗愿。这天早上9点前，仍下着倾盆大雨，但到了9点半，天公作美、晴空万里。9点40分，市政府副秘书长张磊、海南大学副校长曹兵、三亚市农业农村局局长柯用春和我一同揭开纪念石的大红布，纪念石上刻着的“发现‘野败’，成就杂交水稻。袁隆平”闪闪发光。

雨为泪，石为证。袁隆平老师的丰功伟绩和奋斗精神永记人们的心中。“野败”纪念石和南红大地上的“中国杂交水稻发源地”立牌遥遥相映，熠熠生辉，永放光芒。

袁隆平老师，您永远活在我们心中！

颂袁公

冯克珊

袁公神农理有据，
艰难险阻何所惧。
携弟子战南北地，
知识汗水加机遇。
天涯芳草南红觅，
群英协作攻关志。
农民手捧金稻喜，
东方魔稻创奇迹。

忆南红生活

南红农场刚筹建好的时候，工人主要是来自附近的妙林大队和槟榔大队的青年，大队发动村民报名，18岁以上，不分男女，想来的就报名。他们都是自愿报名来这里的。王龙花他们是1967年上半年较早一批来到农场的职工。

南红农场现有篮球场。摄于2024年7月11日

那时候农场有球场，大家下班回来经常聚在一起唱歌、跳舞、打球。农场没建房子的时候，还有一个大晒场，妙林大队和槟榔大队的人都经常来这里比赛、跳舞。我们从自治州良种场搬过来后，农场的工人和技术人员加起来差不多有100人，很热闹。

从通什搬过来的畜牧班在农场搭建了一个畜牧场养猪，每个星期杀一次猪，我们就有猪肉吃。畜牧班一个班10多人，有的人养猪，有的人酿酒、养鸡，还有的人种菜。他们不种田，跟我们水稻班分工不同。他们种菜多的，会卖给职工，两三分钱一斤菜。很多职工成家之后不在食堂吃饭，就自己买菜来做饭。没成家的年轻人一般就交钱在食堂吃饭。

过去很多职工都在农场里结婚。新人领完结婚证，回到农场，农场会发一些自己种植的花生、甘蔗，还有饼干、糖果，他们自己再去买一点，摆在房子外面，邀请大家过去一起坐着，就相当于开一个茶话会，很简单，当时在农场里结婚差不多都是这样的形式。

当时我从自治州良种场过来后，在农场担任副场长，带领和指导水稻班的工人工作。水稻班一共有三个，我基本上一天到晚都在稻田里，看工人在田里边插秧干活的情况，指导他们如何种植，检查秧苗有没有病虫之类的。

我们一天工作10多小时，早上7点干到11点回来，中午吃完饭又下地去干。中午很热顶着太阳也没有办法。不过也不是天天这样，有时候有一些工比较紧张，中午大家就要加班。下午干不完，有时候晚上也要加班，晚上7点回来吃饭，8点出去干到10点。畜牧场要是养了鸡，农场会杀一只鸡来煮点粥给大家吃，犒劳一下。

最初农场的地里都是草，我们要除草平地，把地整平才能种水稻。良种场主要就是做水稻制种，种出来的水稻种子除了提供给有需求的各个市县，多余的也会卖给周围农村的村民去种。我们的种子品质都比较好，产量高，又好吃，周围的村民经常来农场买种子。后来农场有一段时间种了西瓜，瓜熟后品质好的拿去卖，品质不好的就会留下来自己吃。农场水利设施不好，除了种水稻，有时候我们还要在田里挖井抗旱。

女职工相对而言会更辛苦。当时的产假只有56天，产假休完就要出来下地干活。农场设了一个托儿所，有两个阿姨在那里帮忙照顾小孩。职工出去干活，家里没人照顾小孩的时候，就送到托儿所，

南红农场20世纪八九十年代建的平顶房。摄于2024年7月11日

一个小孩一个月交1.5元钱。

20世纪80年代前后，有些职工评到三级工，工资都有两三百元钱的样子。那时候国家经济比较好一点，农场就打报告申请经费建办公室和盖房子。

1985年，邓小平同志强调“一部分人可以先富起来”。之后农场就分田到户了，部分田分到个人来管。一个人可以分到5亩田左右。他们懂技术的职工就拿父本跟母本配着种，产量会高一点，种出来有五六百斤，不懂技术的职工就只能种出一两百斤。我还没有被调去三亚植检站的时候，每天都在田里指导他们，跟他们一起剥穗、赶花。

刚分田到户的时候，有一段时间职工还有两三百元钱补贴，他们制种产量高的，还会有奖金。农场规定，好像一亩田的产量标准就三四百斤这样，超过这个标准就有奖金。超出标准的种子卖出去得到的钱，农场就跟职工五五分，比如，一斤种子卖到4元，那么农场2元、职工2元。再后来，大家就自己搞自己的田，也没有补贴了，但是水稻是一定要种的，收获了之后农场出钱跟他们收购，有多的土地才会种其他的瓜果蔬菜。

我和农场的老职工都有很深的感情，1986年我被调去植检站当副站长，调走的时候，他们邀请我去吃饭，大家都很伤感。1992年，海南省农业厅派专人来南红农场调查我发现“野败”这一事实，农场的领导和职工都热心为我提供了很多证明材料，特别是杨传精，他写了书面证明材料，证实当年我和李必湖发现“野败”返回农场

南红农场现有楼房。摄于2024年7月11日

时乘坐了他拉的牛车。我非常感谢他们。

以前的南红农场是很热闹的，大家一起配合、一起工作，也一起生活、一起娱乐。虽然工作得很辛苦，但是大家都很朴实、简单，在田地里辛勤劳作，很少会有抱怨。现在社会条件好了，职工有房子住，退休职工还有退休金，已经苦尽甘来了。

服务南繁　坚守岁月

南繁植检：守护种子安全

1986年8月，我从南红农场调到海南黎族苗族自治州植物检疫站工作。1988年4月海南建省后，我们单位改称海南省三亚植物检疫站，主要负责三亚范围内的南繁任务。到我2004年退休后不久，我们单位又改称海南省南繁植物检疫站，为来自全国各地的南繁单位提供检疫服务。

我调到植物检疫站后，担任站里的副站长，主要做两项工作：一是负责站里日常行政和人事方面的调动对接工作，二是负责植物检疫。

植物检疫对南繁工作有着至关重要的意义，关乎全国各地科研人员在海南进行南繁加代的项目安全。在20世纪60年代，全国已经有很多地方的农科院所过来南繁，各种植物材料都带过来。一旦某种材料携带了危险性病虫害，就极有可能在海南蔓延开来，感染到其他省（区、市）的材料。如果南繁后的种子携带病虫害，运回各个省（区、市）种植推广，就会造成全国性大范围的植物疫情。所

冯克珊（右一）在稻田观察

以南繁也具有一定的风险。换句话说，南繁基地管得好、用得好，就是一块热土、“聚宝盆”，管得不好可能就会成为病虫害蔓延的“大染缸”。当时植物检疫在全国都还没有全面铺开，但相关农业部门关注到了这个问题，就成立了植物检疫站来负责全国南繁各个基地里面的植物检疫。

国家对每一种作物的检疫对象都有不同的规定，我们要检疫各个南繁单位带过来的种子是否存在检疫对象。比如，水稻的细菌性条斑病，被列为全国植物检疫对象，这个病带有危险性、传染性，对国家各个地方的水稻都会造成威胁。假如在三亚市某一个镇上发现有这个病，整个镇就要划为一个疫区，里边的种子是不能调出去的。这个病发病后较难治好，水稻的整个生长期都会有，疫情严重

1990年，冯克珊（左）、黄大正（中）陪同中国农业科学院植物保护研究所郭翼奋专家（右）在师部农场调查玉米青枯病

的甚至会销毁掉。一旦发现了，我们检疫部门就要向政府报告，通过审批下发经费，给育种队和农户做思想工作，是秧苗就全部毁掉，在收穗期就把水稻收回来，稻草销毁，稻谷可以指定地点加工改为畜用饲料，但是一定要严格处理，一般是马上全部毁掉，不能他用。再比如，玉米枯萎病、玉米霜霉病、玉米萎蔫病等等。

当时植物检疫的程序大概是这样：南繁单位持有单位所在地检疫部门出具的全国统一有效的植物检疫证书，来到我们植检站查验。如果接受过检疫，我们审核后就批准进入海南繁育，否则不能南繁。证书审核通过后，我们会帮忙安排南繁场所，或者南繁单位已找好地方，我们确认这个地方适合种植后就发准繁证。另外，南繁的种子收获前的一个月，南繁单位应向植检站报告，我们过去检疫作物，确认没有发生检疫对象的，就出具海南的检疫证书让他们把种子带回内地。

过去检疫，同一块地我们一般至少去两次，生长期去一次，收获前去一次。因为有时候作物在生长期就已经出现检疫对象，等到后期再去检疫就太晚了。比如黄豆，在后期叶子就要掉了，必须在生长期趁着叶子还没掉的时候去检疫一次。

棉花的检疫对象是枯萎病，新疆要来海南繁育棉花，就需要拿新疆植物检疫站出具的植物检疫证书给我们三亚植检站，我们确认这些棉花种子经过检疫没有枯萎病，就发准繁证，再判断是到师部农场种植合适，还是到陵水、乐东等地方种植合适。棉花播种之后，开花以前我们要去检疫一次，到后期快收棉花的时候再去检疫一次。没有检疫对象，我们开具检疫证，这些种子就可以运回新疆或其他需要棉花种子的省（区、市）。

这样就保证了国家的种子在生产过程中是安全的，把病害控制在最小范围，使损失最小化，植检站过去主要的任务就是这样。跟霍乱、鼠疫等人类社会的传染病是同样的道理，一旦某地方发生，就不允许感染者随意流动，必须做好消毒措施。

除了全国植物检疫对象，各省（区、市）还根据自身的情况补充了一定的植物检疫对象。这就存在一种情况，某病虫害列入了A省（区、市）的检疫对象，但未列入B省（区、市）的检疫对象，当携带这种病虫害的南繁材料通过B省（区、市）的植物检疫后获得植物检疫证书，顺利来到海南南繁，就有可能传染到从A省（区、市）过来的南繁材料。A省（区、市）的南繁材料一旦受到感染，就无法通过A省（区、市）的植物检疫，从而无法在他们当地进行推广种植，那他们当年就白来南繁了。所以后来为避免各省（区、市）的材料携带的病虫害交叉感染，我们对全国各地列入检疫对象的都检查，不是只检查全国或海南省列入的植物检疫对象。

当时来南繁的专家也比较关注植物检疫这个问题，大部分人都比较自觉地前来报到，接受植检站的检疫。但这方面的监管实实在在也存在很大的风险。除了国内的材料，国外一些产品、一些材料也都开始通过一些渠道进来。有些国外的制种公司和国内的种子公司或部门进行合作，或内地的制种单位拿到国外去制种、做种子鉴定之类的，就很容易把国外的病虫害带过来。1993年，美洲斑潜蝇就是通过这样的途径传播到了三亚，当时美洲斑潜蝇还未列入全国检疫对象，没能及时发现并加以管控，所以造成了很大的影响。

当时我们的植物检疫站队伍很小，只有十几个人。每年南繁季节，全国各个省（区、市）过来南繁的单位最少有500家，很多时候我们都忙不过来。实行社会主义市场经济之后，有少部分专家自己携带材料下乡跟农户租土地育种，不来向我们报到，我们也很难找到他们去做植物检疫。

后来农业部牵头，国家南繁办公室（简称南繁办）负责，组织各省（区、市）的检疫力量到南繁季节就过来海南检查自己省（区、市）的检疫对象，或者交叉检查。通过这样的"全国联检"方式，植物检疫的覆盖面积就扩大了很多。2005年前后，南繁的植物检疫开始抓得更紧了，当时我们在南繁办提得最多的问题就是植物检疫，所以农业部也很重视，从那时候起植物检疫的情况就开始不断地改善。

冯克珊（左）与新疆农业大学副教授王惠林在三亚市南繁基地查看西瓜秧苗

1991年4月25日，冯克珊（左）在田间调查水稻制种田

一次难忘的植检

1987年，曾发生过令我印象尤为深刻、在处理过程中充满挑战的一次检疫事件。那次事件不仅考验了我们三亚植检站的应急处理能力，更深刻揭示了农业安全与法治意识的重要性。

当时，一位汕头的农户，怀揣着对丰收的憧憬，带着数万株生机勃勃的柑橘苗，千里迢迢来到三亚市农科所附近的黎族农村，承包了一片土地进行南繁种植。然而，就在他满怀希望地培育这些幼苗时，植检站却发现了他的柑橘苗中潜藏着令人惊心的病害——柑橘黄龙病。

柑橘黄龙病，这一国家重点植物检疫对象，如同农业领域的“瘟疫”，对柑橘科植物构成了极大的威胁——其传染速度快，防治难度大。世界各国的农业部门对柑橘黄龙病的防治都非常重视，大量试验证明，柑橘黄龙病不可治，一旦感染，往往只能采取最无奈却也最有效的措施——挖除销毁，以防病情扩散。

发现这一病害后，三亚植检站立即行动，第一时间向三亚市人民政府农业局负责植检的部门紧急报告了这一危险性病害的存在。市政府对此高度重视，迅速响应，不仅拨款支持检疫工作，还联系了公安部门，为后续的病害处理提供了坚实的保障。

在那个紧张的时刻，我们检疫人员与公安人员一同前往农户承包的土地，面对着那片承载着农户希望却又被病害侵袭的柑橘苗，忍痛执行了严格的检疫措施。苗株被一一铲除，集中焚烧，土壤也经过了严格的消毒处理。最终，我们成功地将这个病害控制在最小的面积内，并在最短的时间内将其消灭，有效防止了疫情的进一步蔓延。

这次事件给那位农户带来了沉重的打击。几万株柑橘苗，价值不菲，却因未经过调出地的检疫，未能提前发现病害，错失及时止损的时机，最终只能化为灰烬。这一教训，不仅让农户付出了巨大的经济代价，更让他深刻认识到遵守国家规定的南繁植检程序的必要性和植物检疫的重要性。

这次检疫事件，虽然过去已久，但它仍然值得广大南繁人和检疫人员警醒：农业人，肩负着守护农业安全的重任，应更加严谨、更加负责，为农业的健康发展贡献自己的力量。

珍贵的十二年

——服务南繁、贡献南繁

1995年，由农业部主持，海南省协调，在三亚成立国家南繁工作领导小组，设立国家南繁办公室，负责协调、管理、服务全国的南繁工作。每年到了南繁季节，10月前后，农业部、海南省农业厅、三亚植物检疫站、中国种子公司等相关部门，都派人过来一起管理南繁事务。但由于当时南繁办只是一个临时的管理机构，工作人员都是从各单位外派过来的，所以这个工作小组结构就没有那么紧密。

1996年南繁季节，我被三亚植物检疫站外派到南繁办工作，同事都是从各个单位派过来的。黄宏江是中国种子公司的，加上农业部派来的两个人，再加上从中国种子公司调来的一个负责打字、写材料的资料员，一共只有五个人。从那年开始到2004年退休，我一直都是一半时间在植检站工作，一半时间协调南繁办做南繁管理工作。

2000年8月，省农业厅派了种植业管理处的干部梁安琼过来担任专职副主任，中国种子公司派了陈德清过来，从那时起到2008年，我、梁安琼、陈德清三人在南繁办共事了八年，组成了铁打不动的"三人组"。

南繁办的工作主要就是管理协调和调研南繁有关的工作。

一是提供各地来南繁的登记管理服务，比如，事项、用地等信息登记。获得准繁证的南繁单位，需要到南繁办登记。二是督促做好植物检疫。植物检疫是我们工作的主要抓手，在南繁管理中一直是件大事，一开始是由三亚植检站负责对全国各地的南繁材料做检疫。三是协调梳理一些南繁相关的矛盾纠纷，比如，用水、用地、用电纠纷，隔离纠纷，种子生产过程中的一些合同纠纷，等等。四是协调三亚、陵水、乐东三个市县的政府为南繁做好用水、人身安全、户籍管理等方面的工作。我们代表着农业部和省农业厅，到各个市县说话是很管用的，大家都积极为国家作贡献。

我们工作的范围大概是三亚、乐东、陵水这三个市县，后来保亭也有一点点，服务对象、管理对象主要是比较大的科研单位，有些分布太零散的南繁单位比较隐蔽，不容易管理。乐东和陵水的乡镇都有专人负责南繁，碰到问题我们都会找他们一起去解决。

在计划经济时期，各地来育种的单位和个人报南繁育种业务，会有统一的规划和安排，还会发放肥料补助，相对好管理。后来放开了市场，以市场为导向，市场需求多，育种的单位和个人越来越多，各个南繁单位的制种业务又都是独立自主的，在没有肥料、农药的补贴之后，他们前来报到登记的主动性减弱，管理起来就有些难度。

当时南繁有几种租地模式。第一种是有固定基地的，来南繁比较早的大一点的科研机构都有自己长租的基地，包括辽宁、山东来南繁比较早的一些农业科学单位，还有中国科学院都有固定的南繁基地，这是最核心的一种模式。第二种模式是有相对稳定的租地，但是没有做基地建设。第三种模式是不稳定式租地，分布比较散。个别专家拿着材料就到乐东、陵水等地方，租农户个人的地来育种，这种分散到周边乡镇的也很多。租地分散有几个原因：一是资金不够；二是需要保密，需要隔离；三是研究处于初期，成功的把握不大，所以尽量减少成本去到偏远点的地方育种。这些分散的点比较隐蔽，如果他们不主动向我们报到，就很难管理到，植物检疫就更谈不上了。

当时的南繁管理体系，除了我们南繁办，各省（区、市）都有一个南繁指挥部。我们每年都要和各地的南繁指挥部一起开几次会议，抓报到，抓落实，提醒南繁要注意防范的问题。因为各地都有责任做好植物检疫，也希望从南繁里管出成果来，所以各地南繁指挥部都非常支持和重视我们的工作。当年各省（区、市）派的人有多有少，但是几乎都能发挥作用。他们基本上都能够联系到过来南繁的单位和个人，虽然不是很严密，但是做育种的大多数是在体制内的，个别独立的专家比较少，因此大部分南繁的单位我们都管得到。

逢年过节，南繁办都要代表农业部和海南省人民政府去拜访南繁专家，送去我们的关心。春节前，我们都一定要去拜访一下袁隆平、吴明珠、李登海等专家，组织一些活动，一起吃个饭。我们要为南繁做好服务，要把农业部、省政府的关心送到专家们的心里面去。当时真的不懂什么叫辛苦，天天跑，一直坚守到大年三十才回家。春节还正好是南繁最忙的时候，怕出现问题，所以我们大年初二就肯定要到岗工作，那时候责任心是非常强的。

我们当时经常下乡，一是调解问题，二是关心他们的工作和生活。很多老专家对我们很热情，会分享他们从家乡带过来的特产。大家相处久了都很熟悉，他们研究出来好的成果，也会叫我们过去

冯克珊（左二）、梁安琼（右二）等国家南繁办公室成员到机场迎接袁隆平先生　（梁安琼 提供）

看看，一起高兴。

此外，有些科研基地想向上级单位申请一些物资时，我们会为他们想办法、跟领导反馈。我们站在管理的角度，作为第三方向领导反映问题，比他们自己去反映效果会好一点。比如说，他们租地有困难，这几亩地很重要，需要再多花一点钱，我们就跟他们主管部门反映情况，再申请一些经费。有时候南繁各省（区、市）领导过来，我们就让有困难的科研基地派技术人员过来，我们坐在一起交流，反映一下困难问题，这对南繁管理也能起到一种促进作用。

我退休后，南繁办返聘我当顾问。2006年，我们在三亚负责组织召开了第一届全国南繁工作会议，这是南繁工作从20世纪50年代开始以来的首次全国性会议，时任农业部副部长范小建、海南省人大常委会副主任韩至中等领导都参加了会议。会议除了对南繁工作进行总结，还对在南繁工作中表现突出的单位和个人进行表彰，22家单位获得“全国南繁工作先进单位”称号，183人获得“全国南

2006年，吴明珠（前排右一）、梁安琼（前排右二）等人获“全国南繁工作先进个人”称号

繁工作先进个人"称号，其中就有我们南繁办专职副主任梁安琼。

当时整个会议有几百人参加，规模很大。可以说，我们前期服务和管理南繁的工作引起了农业部的充分重视，全国对我们南繁办的工作也比较认可，所以能顺利组织召开全国性的工作会议，从而给南繁带来了一个比较好的发展阶段。

那一年农业部给南繁基地批复了四个建设项目，投入2530万元，重点建设海南省三亚荔枝沟、乐东、陵水南繁基地和国家南繁种子检验检疫中心。当时这样的数目一般项目很难拿得到，这也反映出农业部对南繁建设万分重视。这个建设项目引起了全国对南繁的重视，提升了南繁的知名度，对南繁人也是一种巨大的鼓舞。从那时候开始，南繁的管理服务、工作环境就慢慢地改善了。各省（区、市）看到南繁的发展势头，都积极投入资金给他们的南繁基地改善科研环境，全国对南繁的投入都增加了。

现在一般地级市以上的科研单位来南繁都有固定的场所，科研人员的工作条件和生活环境基本上都很好了。除了国家项目支持和各省（区、市）的资金投入，海南各市县也把南繁基地的条件建设当作大事，像三亚、陵水、乐东三个主要市县都投资改造南繁试验田洋，改善了不少南繁基地的土地条件。随着城镇化建设，像三亚警备区农场那片很大的地方都建设成楼房了，用水、用地都是大问题，所以南繁基地的建设是很有必要的。

2008年，海南省南繁管理局（简称南繁局）成立，代替南繁办的职能，南繁管理的机构经过十多年的发展终于从临时机构转变成常设机构。那年，我不再参与南繁管理的工作，梁安琼副主任也调回了省农业厅。现在的南繁局有几十个工作人员，都是专职服务南繁的，跟我们当时南繁办相比，机构建设更完善、规模更大，管理也更加科学、系统。

南繁纠纷二三事

一、隔离纠纷

南繁季节，全国各地来南繁的单位至少有500多家，而适宜南繁的地区主要就是海南南部三亚、陵水、乐东三个市县，不同单位若租用到相邻或相近的土地，培育的作物品种不同，难免引起不同程度的利益纠纷。而南繁单位的纠纷中，隔离纠纷尤为频繁。

以水稻杂交为例：相邻田地若种植相同组合的水稻，则相安无事；但若种植不同组合，就可能因串粉导致杂交后代不纯，成为多父本的杂种。原本整齐的抽穗时间，因串粉种子不纯，而变得参差不齐，有的提前至8月底，有的则延迟至9月中下旬，造成繁制种“事故”。

再比如，不同品种的玉米制种要求距离500米，要有距离。相邻田地里，第一个种的玉米品种是“新单1号”，第二个种的玉米品种是“唐四平头”，这两个父本是不一样的，如果花期碰到一起，杂交出来的就不是纯正的品种，这就会发生花粉隔离期的纠纷。

如果在还没种下玉米的时候，采取时间隔离措施，通过两个品种玉米的生育期计算出需要隔离的时间，使先种下的玉米授粉时间过去，后种下的玉米再抽穗，就没有影响。

如果两边的玉米是同一个时间抽穗，我们会去调查，看是谁先种的玉米，后来种的人要承担主要责任，因为后来种的人事先知晓旁边田地先种了玉米制种，所以他再种其他玉米组合就“犯规”了。解决方法是后种的人出钱买套袋给先种的人的玉米做人工授粉，进行物理隔离，不然有一些好的材料就搞砸了，相当于白来南繁辛苦半年。

二、偷种事件

偷种事件是南繁管理的另一大挑战。

新培育出来的水稻种子本来亩产量估计能够达到400斤，最后亩产量只有200斤，专家一看就知道种子被偷了。因为从一亩地有多少穗就能预估亩产多少斤，差几十斤有可能，差一半的产量是不可能的。原本这个品种要在一个地方推广，控制得好，五年内就能有很高的经济效益，因为拥有专利，其他人都没有这个种子。所以种子被偷，会造成很大的经济损失。

当时辽宁阜新的种子公司做的一个品种比较好。他们来向南繁办报告，说有人在偷偷收购他们的种子。原来他们单位跟当地代繁代制的农民定的收购价格是6元一斤，想偷种的人就以8元一斤的收购价格向农民收走了他们的种子。

我们去协调，进行反收购，就是建议用更高的收购价格把种子全收回来，这个办法见效很快，但也是没办法的办法。当时一切办法以确保种子的安全为首要目的，出于担心偷种的人销毁证据，找不回种子，我们不到不得已的情况都不会走法律程序。

三、车祸事故

印象比较深刻的还有一件事。有一年，黑龙江的一个制种队把自交系玉米的种子收起来，请了一个当地司机开手扶拖拉机把种子运送去码头。在运输过程中，司机撞到了乐东当地村里的一个老妇人，老妇人因此丧生，司机害怕就弃车逃逸了。当时老妇人的家属担心没有人来负责车祸的处理和赔偿，就将车和一车的种子都扣下了。制种队的负责人特别着急，因为玉米种子还没有晒干，如果不放行，扣留在那里就会坏掉，那么他们这半年就白干了。

那天我们早餐都没有吃，制种队的负责人就急匆匆地跑到南繁办找我们去帮他解决问题。当时我们把乐东的政法委书记、公安部门、交通部门全部联系上，一起过去跟受害人家属协商依法去追索赔偿。那天一直从早上磨到三更半夜，受害人家属才肯将种子放行，解决了这个问题，让制种队将种子及时运去码头，确保了他们来南繁的辛勤劳动没有白费。

此外，南繁办还协调处理发生在南繁基地里的殴打、偷钱等各类治安事件，确保南繁地区的和谐稳定。无论大小事务，南繁办都要出面协调解决，权衡利弊，力争拿出最佳解决方案，以高度的责任感和使命感为南繁地区的发展保驾护航。

将生命停留在南繁一线的两位南繁专家

在南繁办工作的那些年里，我们曾经送走了几位在三亚南繁一线工作的南繁人，他们曾经坚守在自己的岗位上，耕耘南繁，选育出优良品种，奉献农业、奉献国家。

一、报国归侨——南繁人陈学求

吉林农业大学的陈学求教授[①]是其中一位。

吉林农业大学海南科研南繁基地，是他亲手创建的。从1970年起，基本上每年冬春两季，他都是在海南度过的，春节都留在育种基地做研究，未能与家人团聚。他热情关心农民群众的生产生活，

① 陈学求，原籍广东宝安，生于马来西亚。1955年进入吉林农业大学农学系学习，毕业后留校任教。长期奋斗在农业教学和科研第一线，创建了大量高粱、玉米育种材料，选育出多个高粱新品种。

常年工作在田间地头，指导农民学习先进农业技术。

2003年，69岁的陈学求因多年的艰苦劳作，身患肝硬化、肝癌、败血症等多种疾病，身体每况愈下，但他仍坚持不远千里从吉林来到南繁基地工作。2004年2月，正值作物授粉最佳时期。为了不影响工作，不牵扯他人的精力，他隐瞒了自己的病情。2004年2月2日下午，他陷入深度昏迷，我们联系医院将他送到三亚市农垦医院抢救。但在第二天下午，他永远离开了我们。

他病逝后，我们帮忙主持葬礼，包括联系殡仪馆、找墓地、招待家人、主持招待会等事情，前前后后都跟着他的家属，帮忙做各种安排。当时有上百名农民自发赶来为他送行，那场面令人十分感动。根据陈学求的生前愿望，他的一半骨灰埋在能望到他工作大半生的育种基地的山坡上，另一半撒在了大海里，希望魂归他的出生地马来西亚。

陈学求把生命最后一刻留给南繁的事迹感动了大家，影响很大，后来大家从中提炼出了“百折不挠、无私奉献”的南繁精神。

二、超级稻南繁人杨仁崔

福建农林大学教授杨仁崔[①]也是其中一位。1996年6月，中国超级稻选育项目启动，同时，成立专家委员会，杨仁崔由农业部提名

① 杨仁崔，1943年生于福建省晋江市东石镇，1960年考上福建农学院，毕业后留校任教、做水稻研究工作。他育成的水稻品种达10多个，在全国推广应用100万公顷以上。

担任专家委员会常务副主任，承担了超级稻选育研究的重任。

杨仁崔为中国的水稻事业贡献了一辈子。从1973年起，他就开始来海南南繁，冬春来海南，夏秋回福建，开展了长达33年的水稻育种。

2006年3月10日，杨仁崔在海南三亚进行南繁育种，由于长时间连续工作，突发脑溢血。我们帮忙联系送往医院。当时福建和海南两省高度重视，全力派出资深的神经内、外科专家前来抢救。因抢救无效，他于2006年3月21日逝世，永远地离开了他最钟爱的事业。他的追悼会在福建农林大学召开，为表达对杨仁崔逝世的痛心和追念，我们南繁办委托福建省农业厅送了花环。

诗人臧克家曾写道："有的人死了，他还活着。"他们虽已离开，但他们还活着，贡献永存，精神永在，存在于他们培育的良种中，存在于无数南繁人心中，并将伴随着南繁事业的欣欣向荣而不断焕发他们的影响力和生命力。

南繁的光与热

过来南繁的中国农业专家，形象地说他们都是“追赶太阳的人”。他们发现从北方越往南走，光温条件越好，一开始是在湛江育种，后来到海口，再一直往南到三亚、陵水、乐东。因为这三个市县的光温条件比较稳定，适合常年做南繁加代选育的试验。

较早来三亚南繁的单位有辽宁省农科院水稻所，1956年9月，他们就开始扎根三亚，研究选育优良水稻和玉米种子。如果说通过人工气候箱来做繁育，理论上是可行的，但是在那个年代，全国各地的农业机构都没有那个经济实力，所以只能找一个天然大温室。

南繁，真的对国家农业作出了极大的贡献。

第一，南繁对农作物的品种选育起到了加速的作用。没有南繁，农业特别是农作物品种的更新换代，不知道要晚多少年。在内地一年只能一造，现在海南一年都发展到了三造，相对于内地一年可以当作三年用。在北方需要一个九年的育种周期，在海南三年就完成了。

第二，南繁提高了育种专家的育种效率，加快了育种的成功。如果在北方做九年的选育，到了第五年或第六年，材料出了问题，再退出来，就浪费了五年或六年的时间。而在海南只要一两年就可以发现这个问题，做到及时终止并调整试验方向，这就节省了育种专家的时间，提高了育种效率。

第三，南繁加快了种子鉴定和推广的速度。在北方做出来的玉米或棉花品种品质如何，当年10月拿到海南来种植鉴定。如果品质良好，第二年回北方就可以推广。如果北方等到来年再去种植鉴定，推广的时间就往后推了。南繁的贡献是不可替代的，所以说，这是科研人员的一个创举，也是中国农业作出的一个巨大突破。

海南对南繁的贡献最主要的也就是南繁基地的建设。就像以前南繁办专职副主任梁安琼说的："有些人看不到海南的贡献，因为南繁的贡献不在海南，而在全国。海南就是一个平台，相当于一个孵化器，海南南繁的种子是全国各地的种子。"

海南做杂交水稻制种，也做杂交玉米制种，但都不是主要基地。大量的水稻制种是在四川绵阳、江苏庆丰，这两地的杂交水稻基地比较大，做优质水稻品种很有名气。全国最大的玉米制种基地是在甘肃张掖。

如果对比制种的规模，海南是比不上的。但正因为海南稳定的光温气候条件，让南繁成为无可替代的繁制种环节。可以说，南繁基地研究的是种子的亲本种子，对种子进行繁育加代试验，它的重要性不在于制种的规模，而在于加代良种繁育。

南繁在海南作为一个产业还是不够完善的。本地老百姓在南繁中的受益目前仍然有限，主要就是租地收入，还有通过代繁代制获得的劳工收入，后来还有一点是成果的转化。成果的转化主要有两个方面：一是杂交水稻在海南的大面积应用和推广，二熟变三熟，低产变高产，品质越来越优，品种越来越丰富；二是吴明珠院士带领全国西甜瓜专家如许勇、伊鸿平、冯炯鑫、廖新福、袁士臣、李劲松、曹兵、杨小锋、林建闻等以及海南专家研究出来的西甜瓜品种的就地转化，带动了海南的西甜瓜产业发展，给本地瓜农带来很大的经济效益。其他像棉花、大豆等作物的转化，目前还看不到很大的经济效益。

不过，随着"南繁硅谷"的建设，越来越多农业种业科学人才参与进来，未来南繁产业在海南的发展一定会越来越好，也会有更多的南繁成果不仅能在部分省（区、市）转化，还能在海南乃至全国大范围转化。

他述

他人之心　肺腑之言

一辈子奉献给了农业

冯健敏*

从1993年起，我就投身于南繁事业，主要负责植物检疫的工作，直至2021年，转至南繁后勤管理岗位。我从事农业，既是受父亲的影响，也是源于个人的兴趣。我从小在南红农场长大，接触到不少南繁单位，在物资短缺的年代，我们在农场里还能有大米吃。记忆中，有一次父亲种出的大米，煮出来离20多米远都能闻到米香。在南繁基地里，我们可以尝到市场上没有的好吃的东西。这让我对农业产生了浓厚的兴趣，上大学时主动选择了植物保护专业，毕业后开始参与南繁植检工作。

我的父亲，是我心中永远的偶像与榜样。不论是在工作上，还是在生活上，我都受到了他潜移默化的影响。他在农业领域默默无闻地奉献了一辈子。他先是在南红农场做水稻和其他作物的培育，

*冯克珊之子。就职单位：海南省南繁管理局。

后到三亚植检站和南繁办，负责南繁作物的植物检疫和为南繁工作服务。一直到退休后，他仍被南繁办返聘继续工作四年。在南繁管理上，他们那一批人算是最早的南繁管理人，在南繁管理上发挥了很重要的开创和带头作用。

父亲为人实诚、无私，把“为大家服务”当成他的人生信条。无论谁来找他帮忙，他都会大方地伸出援手，不求回报。在南红农场的时候，不论是哪位职工找他，他能帮多少忙就帮多少忙，尝试之后确实帮不到忙才会跟对方说，所以职工跟他感情都很好，都愿意跟他一起干活。他到南繁办工作后，我经常听到大家说的一句话就是“南繁有困难，找冯老”，南繁单位用水用地遇到困难，他都会帮忙想办法。他那一辈的朋友，基本上每个人见到他都会称他“冯老”，说冯老是一个实在的人。

发现“野败”，是父亲为农业作出的一大重要贡献。父亲也是学农业的，知道海南长有野生稻。1970年跟袁隆平老师学习、听课时，他就产生了找野生稻的灵感。之后他就带李必湖去找野生稻，顺利找到了“野败”。“野败”加快了中国杂交水稻的成

2016年4月，冯克珊父子探望袁隆平时的合影

功，解决了中国十几亿人口的吃饭问题。这是一件对全社会而言都非常有意义的事情。1981年父亲知道袁隆平老师团队杂交水稻成功之后，很高兴，但也很低调。他不是一个争名争利的人，只求他自己的劳动所得，他写信报告上级领导，但从来没有到处宣扬。全国种子行业里，认识我父亲的人在这方面都很钦佩他。

对我父亲个人来说，在家把孩子养大成人，其实是他最大的幸福。他要求我们严格管理自己，生活自律。我时常想起他的一句话："你做什么事都要瞻前顾后，走一步要看三步，不要给家里人拖后腿。"这句话一直激励着我，让我在工作和生活中更加谨慎、更加努力。此外，他也非常注重孝顺，认为孝顺父母是做人最基本的道理。他的这些教育理念，深深地影响了我，以至于我现在也是如此教育我的孩子的。

我小时候还有一些逆反心理，父亲越教育我越不听，不顺他的心意做事。长大后回想起来才逐渐理解他的良苦用心。我从小独立，一方面是因为父母亲实在无暇管我，一方面也是因为父亲的"放养"理念。他说如果我不能独自照顾自己、对自己负责，未来我也管不了自己。他把我一人送回老家琼海读小学。那时候老家的教育资源相对农场来说好一些，但十分有限，有的老师只有高中学历，普通话水平也不高，是用海南话来教书的。在朝阳中学读完初一后，父亲希望我能够接受更好的教育，便把我转学到三亚第二中学，当时也没有和家人住在一起，而是借住在父亲朋友家。这样的读书经历让我更加独立自主，所以工作后早早地就可以独当一面。

关于小时候，我还有件趣事。我6岁的时候，曾经一个人从琼海坐车到三亚找我父亲。从老家博鳌要走到嘉积才有汽车站，而且当时一天只有一班车开往三亚。我走到嘉积的时候，已经错过当天的班车，没有多余的钱吃住，就在街头度过了一个晚上，第二天才坐上车。到三亚汽车站，还要走七八千米才到南红农场。我3岁之前一直生活在农场，印象中有一条铁路，就沿着那条铁路走，一直走到看到“南红”两个大字。那时候母亲要照顾我妹妹，还要照顾我奶奶，没办法管我。这件事现在说起来还是很有意思，但细想确实也很无奈。

如今，我已经快要退休了，目前工作主要是负责推动南繁科技成果技术转化。我在田地里工作了近30年，认识的作物多，知道哪些品种好，也希望让老百姓知道种什么好、吃什么好。比如，青瓜（黄瓜）就是南繁单位带过来的，推广之后海南就发展起了青瓜的产业链。哈密瓜也是从南繁单位的培育成果中发展出来的，现在海南是我国哈密瓜主要种植区域之一，产值很高，给海南当地带来不少的经济效益。冬季瓜菜也是如此。如果能将南繁单位中好的成果和技术留在海南，就一定能推动海南的育种科研，提高海南农业水平，贡献海南，造福海南人民。但我个人认为海南传统农业优势不大，交通物流成本高，土地租金高，种植常规的作物品种不具备市场竞争优势。海南农业的发展需要转变思路，利用南繁基地的优势，走高端品牌产品路线。我现在工作之余也和海南大学南繁学院合作，协助做西甜瓜蔬菜研究。目前我们已经培育出来五六个品种了，其中就包括走高端品牌路线的西瓜品种。这对我来说是一个很好的机会，借此我也能为海南农业多作点贡献。

回望过去，我的每一步成长都深深烙印着父亲的印记。他不仅是我农业道路上的引路人，也是我人生路上的灯塔，他无私奉献的信念照亮了我前行的道路。父亲的一生，是与土地紧密相连的一生，是与南繁事业同呼吸共命运的一生。他用自己的双手，在海南这片热土上书写了属于他的故事，也在我心中种下了对农业无尽的热爱与执着，使我继续在南繁这片热土上发光发热，为海南农业的发展贡献自己的力量。

父亲深沉无言的爱

冯小玲*

我是1973年在琼海出生的。那时父亲在南红农场工作，一年只回来几次，家中大小事务全靠母亲一人操持。尽管当时年幼，我仍清晰地记得每次父亲回家，我都特别高兴，因为他总会带回一些好吃的，比如新鲜的鱼，那是我们平时很少能吃到的美味。那时候，父亲在我心中代表着团圆和喜悦。

1978年冬，母亲带着我们随父亲来到了农场一起生活。在农场的日子里，父亲几乎每天都在田里忙碌，进行着他的科研工作。农忙时，下午一两点钟，他才拖着疲惫的身体回家吃饭，休息一会儿又匆匆回到田里。父亲年轻时身体并不好，30多岁的时候就开始患有哮喘，一年至少得住两次医院。但他从未因此放弃过工作，反而更加努力地投入其中。

---

*冯克珊大女儿，现已退休。

在我心里面，父亲是很伟大的。在农场当副场长的时候，他从不利用职务之便为自己牟取私利，反而总是默默奉献，为大家的利益着想。我记得20世纪80年代，他们在农场做杂交水稻制种，推销农场的杂交水稻种子的时候，父亲曾自掏腰包买烟招待人，通过建立良好的人际关系，为推销种子铺路。

我妈那时候在农场科研班工作，也较忙，很少有时间管我们。我是大姑娘，七八岁就开始照顾妹妹、操持家务。我们基本上都处于被放养的状态，但是只要父亲在家有空，他肯定是要教我们、管我们的。

父亲对我们的学习非常上心。那时候农场的学习条件不太好，大哥两三年级的时候就回琼海老家读书了，只剩下我和妹妹留在农场。我的学习成绩不好，父亲经常耐心地指导我功课。妹妹成绩好，几乎不用父亲操心，所以父亲指导我的时间是最多的。1984年，母亲被调到了三亚植检站做出纳工作，父亲就让我和妹妹跟着母亲到市里读书，接受更好的教育。在读书方面，父亲从来没有亏待过我们，给了我们足够好的物质支持。在别的同学都在背挎包的时候，我们已经背上新潮的双肩包了。他对我们非常细心，即使他再忙，也会提前为我们准备好学习需要的东西，从来没有让我们主动开口过。

他对外总是和颜悦色，但对我们严格要求。他经常在饭桌上教育我们，坐有坐相，吃有吃相。树立家规，教我们如何做人，比如，遇人要礼貌问候，要懂得感恩，从小到大都是这样教育我们的。直到现在他也是这样教育孙辈：读书很重要，懂得人情世故、懂得感恩、学会做人更重要。

父亲做的永远比说的多。他对母亲的爱是无言的情深。母亲生病后只能吃些熬得软烂的粥。父亲双腿不好，站久了会痛，但他每天都坚持熬粥给我母亲吃，一熬就是两小时，多年如一日。直到我退休了才把他熬粥的活接过来。父亲也是胆大心细的人，了解到哪些药好，便自己先试用，效果确实好的就给母亲吃。母亲躺在床上已经八九年了，身体状态仍然很好，这都得益于父亲无微不至的照顾。

母亲同样为父亲付出了大半生的辛劳。在生活上，她为父亲分担了大半的家庭责任，照顾奶奶，养育我们。在工作上，她是做财会工作的，守本分、懂事理，常帮父亲打理家庭的收支。父亲是知恩感恩的人，如今除了照顾母亲，他逢年过节也会代替母亲关心和帮助她娘家的亲人。

父亲用自己的行动诠释了感恩的真谛，为我们树立起了为人的榜样，让我们学会了珍惜和回报。在他以身作则的教育下，我们三个孩子也很孝顺、团结。如今，父亲一旦身体不适，远在广州的妹妹总会第一时间飞回，大哥也会抽空回家照顾母亲。而我退休后，就负责在家全心全意地照顾父母。

父亲一辈子都在坚持"自己的事情自己做"，能不麻烦别人就不麻烦，对我们子女也是如此。他做心脏支架手术后的两年，身体不好。每次他一感到不舒服，总是自己前往医院，办完住院手续后才通知我们。那时候我还没退休，工作也忙，他心疼我们来回奔波，一旦身体好一些就不让我们陪床。他是这样自强且独立的父亲，总把自己的事都料理得清清楚楚的，从不依赖我们。

如今，我也已经50多岁，但在80多岁的老父亲心里，我还是那个总是让他操心的大姑娘。我永远也忘不了我出嫁的那一天，父亲第一次也是唯一一次在我面前流泪。那一刻，我深切地感受到了父亲对我的爱和不舍。他那种深沉而内敛的情感，让我深深地感动。

父亲对我们的关爱不仅仅体现在生活上，更体现在精神上。他用自己的言行影响着我们，让我们学会了坚韧、无私、感恩和回报。这种精神，将永远铭刻在我们的心中，成为我们前行的力量。

从不言苦，无怨无悔

——我心目中的冯场长

王龙花*

我们南红农场是中央投资建起来的，1966年办好，由海南黎族苗族自治州管，后来自治州撤销了才转过来给三亚市管。当时的工作队都是自治州派来的。

农场建好后，周围农村的生产队发动青年报名来工作。我有一个关系超好的姐妹，她叫我来农场工作，帮我报了名。我原先不想来，但考虑到农场里年轻人比较多，工作生活会热闹些，最后还是决定跟她一起来农场工作。

我们刚来的时候很辛苦。条件艰苦啊，房子都没得住，我们自己上山砍柴建了两栋茅草屋。床板都没得睡，拿木棍搭成一个架子来睡。我们年轻的时候刚来这里都是这样的。后来自治州良种场搬

*南红农场老职工，现已退休。

来了，公家就出钱建瓦房。一个人一间房子，房间小小的，打一张床，床都很窄的。袁隆平老师来时也是住在这样的瓦房里。

1967年下半年，自治州良种场解散，就搬到这里，和我们合并起来。当时冯克珊就从自治州良种场调过来这边当技术员，后来成了农场的副场长。在我们工人心目里，冯场长的地位是很高的。无论是生产管理还是技术指导，他都做得很好。我们去田里插秧干活，他都会深入田间地头，亲自检查秧苗，确保秧苗没有病虫害之类的。在水稻种植管理方面，他的技术也很强。

他来了之后，我们工人就分成了三个水稻班。那时候我还是班长，一个班选出一男一女两个班长，负责管理班里的10多个人的日常工作。我和我爱人杨传精负责一个水稻班，他是通什农校毕业的，懂得一些种植技术，加上冯场长对我们的悉心指导，我们班的水稻产量是很不错的。

1970年7月，袁隆平老师就来了，搞水稻育种。当时他带了两个学生，其中一个学生是尹华奇，他后来还和我的一个好姐妹结婚了。另一个学生就是李必湖，也就是他后来和冯场长一起发现了“野败”。冯场长每天都在农场里到处忙碌，对农场的野生稻分布了如指掌。11月，他到稻田里去。那个时候农场里还没有修公路，有一条铁路经过。铁路下边有很多排水洞，下雨的时候，雨水就通过这些洞排到下边的水坑。冯场长发现那里的野生稻长得很好。当时李必湖就说让冯场长带他去看一下。他们运气很好，发现了那一株“野败”，把整株水稻都带回来，放到我们田里去种。他们可高兴了，冯场长就整天跟他们在一起。后来袁隆平老师团队把野生稻移植到师部农场去种。冯场长有时候也会去师部农场那边看一下，学他们的技术，然后回来教我们。杂交水稻成功，我们农场职工都特别高兴，冯场长知道了之后更是高兴得几天都睡不着觉。

20世纪70年代，知青上山下乡，农场就来了一批知青，前后来了100多人。他们都是城里来的青年，只有十几岁，去插秧的时候看到稻田里蚂蟥多，都不敢下去。冯场长亲自下地带他们干活，所以大家都佩服他，愿意听他的安排。前些年我碰到以前的一个知青，他说现在想起来插秧的日子都还害怕，大热天本以为站在水里插秧会凉快些，结果进到田里发现水也是烫的，实在太辛苦了。

下田干活真的很辛苦，但是冯场长整天跟我们工人一起干活，一天到晚都在稻田里，把裤脚挽起来就下地去干活，教我们怎么做才能让稻子长得更好。他的记性很好，做什么他都记得清清楚楚的，又灵活又会干，很多活都自己亲力亲为，不派其他人去干。

有一次大概是中午12点，农场有一批肥料需要用手扶农用拖拉机去装运回来，但当时负责驾驶的工人下班休息了。冯场长不想去打扰负责驾驶的工人，就自己开拖拉机去装肥料。但他开车不那么熟练，倒车的时候没有注意到后方的树，就撞到了树上，把他的身体卡在了车和树之间不能动弹。农场里有人发现了才去把他救下来。当时拖拉机压到了他的肚子，把他的胃都搞坏了，他吐到昏倒，被送去医院住院，差不多住了一个月。他是领导，完全可以安排别人去做的，但他为职工着想，不想在午休时间打扰，能干的就自己干。

我们去医院看望他的时候，都很担心，他说“不怕不怕，过几天就好”。

他为人很好很真诚，我们职工对他都有很深的感情。1986年他被调去植检站当副站长，离开农场之前，我们请他来吃饭，许多人的眼眶湿润了，都很不舍。2010年，我老伴得了肠癌，虽然那时候冯场长已经不在农场，也退休了，但他对我们还是很关心，帮助了我们很多。他每次来看望我老伴，都慷慨解囊拿一两千元钱给我，我说不能要。他说“我不是给你，是给他买东西吃的”。现在他老伴身体出了问题，卧床不起，好几年了，他始终不离不弃，悉心照料，非常有责任心，是一个很不错的人。

我认识冯场长已经50多年，他在我心目中一直都是很实在、能干且热心的人，一起在田里辛苦工作那么多年，从未听他说过一句抱怨的话。他勤勤恳恳，亲力亲为，不辞辛苦，教我们杂交技术，一直都是我们无比尊敬的人。他当年虽是农场领导，但我觉得他更像是我们的家人、朋友。

一分一分捡起来

邱秀芬*

我是1967年和冯克珊他们一起从通什搬来南红农场的，我和冯克珊已经认识近60年了。

我是广东人，年轻的时候随着我爱人离开家乡，来到海口浮凌水工作。当时我们挺自由的，想去哪工作就去哪。刚好那时候国家鼓励内地的人过来建设海南，我们顺应大趋势大潮流就过来了。当时很多人都不想过来，因为海南发展很落后，几乎什么都没有。

1965年，我爱人被调到通什农科所工作，于是我跟他一起到通什了。也就是那年，我认识了冯克珊。

我第一次踏上通什的土地时，映入眼帘的是数不尽的大山包和零星散布的茅草房，人烟稀少。蹚过一条河，我们到了通什农科所。那里的茅草房很矮，进门时得弯下腰低着头才能进去。目光所及的

*南红农场老职工，现已退休。

地方都很落后，我一想到将要在那里生活定居，内心很害怕。无奈生活所迫，我们在那留了下来。

冯克珊是水稻班的技术人员。我到通什后进了水稻班当工人。他负责安排我们的工作，教授水稻种植方法。从那时起，我就一直跟随着他工作。一开始工作，我很不适应，工作劳累、生活艰苦，使我内心一度处于苦楚的状态。我经常哭，冯克珊、符策豪和杨传精都到我家安慰我，给我做思想工作，说不要怕，慢慢就会适应，环境也会逐渐好起来。

南红农场的环境起初比通什还差，到处都是山和高大的草木，有些小坡不是山，但长满了草木，看着也像山。我们过来相当于是在这里开荒，没有建公路，只有一条二三十厘米宽的小道，也是走的人多了自然而然形成的。宿舍是来自妙林和槟榔两个大队的工人给我们搭建起来的茅草房，墙壁是用泥土和稻草混合着搭起来的，勉强能够遮风挡雨。茅草房窄小且低矮，两人住都十分拥挤，里面什么都没有，连床板都是我们自己用绳子将木棍绑成的简易床架。当时有的人从通什坐车来到南红农场，看到那样的情景，都不肯下车，又坐车原路返回通什了。虽然当时的条件是那样落后，但是南红农场发展速度很快，现在楼房都建起来了，我们退休职工有房子住，有退休金领，生活条件大大改善了。

当时环境艰苦，但是我从来没有听到冯克珊抱怨过，相反他总是安慰我们。在生活中，他对我们职工很关心，不管谁有困难，他都主动前去帮助。他从来不觉得帮助别人是一件累人的事情，我们对他的热心也早已习以为常。直到现在，他都还时不时地打电话给我，关心我们的身体健康和生活状况。我爱人现在年纪大了躺在床上，经常生病。冯克珊照顾他爱人好多年了，经常给我们分享他的照顾经验，知道得什么病吃什么药好得快，会教我们买。我已经80多岁了，尽管年轻时候的很多事情细节早已经不记得了，但一直记得冯克珊是一个非常热心肠的人。

在工作上，冯克珊总是全心全意地为农场付出。他一路以来都在水稻田里工作，他做的事一直是为党、为人民的，从来不会利用自己的职位来谋私。他是专门做水稻繁种试验的，做出过不少成绩，但我是工人，并不懂得他们的研究。

他是一个非常负责任的人。在通什的时候是这样，来到南红农场也是这样。以前我们工人一天要工作8小时，有时候中午加班到一两点，或者晚上加班到半夜，冯克珊都会陪着我们加班。他不会说下班了就不管职工。有时候尽管他已经回到家了，但只要发现有职工还没回家，他还是会再到田地里去找人，找到人他才放心。他很关注职工的工作质量，如果职工的工作方式不太对，他就会非常耐心地下到地里去指导、亲自示范，对工作项目很负责任。虽然他是领导，但他不是指挥型领导，而是实干型领导。他戴着一顶草帽，不怕脏、不怕累，一天到晚都在地里工作。即使他有时候不下地干活，他也要在稻田里到处转，观察水稻的生长情况。

他是一个做比说多得多的人。我们第一次搞制种，有一些稻穗抽不出来，影响授粉。冯克珊安排我们去把稻穗剥出来，他亲自去剥稻穗示范给我们，教我们怎么剥。稻穗剥出来，水稻才能开花授粉，授粉成功率高了，水稻就会增产，我们也就能领到奖金。剥稻穗很辛苦，我印象很深刻，那时候冯克珊经常挂在嘴边的一句话是“一分一分钱慢慢捡起来，捡到一毛，捡到一块”。他也坚持跟我们一起剥，我们有时会劝他说“领导就不用下地里来了”，但他说“怕什么，你们都不怕苦，我也不怕，我要下地里去，想要捡钱就不能怕脏怕累。这不仅是捡你们的钱，也是捡农场的钱”。

剥完穗我们要拉露水、赶粉，冯克珊也都在田地里教我们，一起做。他从口里说出来的，是一定会做到的，一方面是因为他丰富的水稻种植技术和经验，另一方面是因为他强烈的责任感，所以他成功地带领着我们“捡”起了钱。当时我们的制种量不低，亩产有1000斤，大家都很佩服他，愿意跟着他一起制种。

1970年袁隆平老师来到南红农场，冯克珊是做领导的人，农场里的水稻他都负责管理，所以袁隆平老师的试验田他也会去看。袁隆平老师带的东西不多，所以没有让我们去帮他们干活，只有冯克珊、符策豪他们几个技术员过去帮忙干活和学习技术。

那年冯克珊和李必湖找到了雄性不育野生稻挖回来给袁隆平老师。只有一株，很珍贵，杂交水稻就是从我们南红农场的这一株野生稻发展起来的。他们把野生稻拿到地里种下了。他们怕牛来吃，怕老鼠咬，怕被别人破坏，日夜都派人在那边守着野生稻。当时大家听说了，都想去看那一株珍贵的野生稻呢。

不只是袁隆平老师他们，不管哪个单位过来搞制种，冯克珊都会积极地去帮忙，给人出谋划策、解决困难。

在我眼里，冯克珊是大公无私的人，做的好事是很多的。他不仅在工作上尽职尽责，在生活中也非常乐于助人。他对待工作的态度和为人处世的方式都深深地影响了我。我想正是因为当时有冯克珊这样实干、热心的好领导，我们才能在艰苦的工作生活中更加积极努力、乐观向上。

南繁“活地图”

梁安琼*

南繁事业自20世纪50年代起步后持续蓬勃发展，在农作物育种进程中，扮演着举足轻重的角色，是推动我国农业科研进步、助力农业产业升级的重要力量，逐渐受到国家层面的重视。20世纪90年代，随着南繁规模的不断扩大与科研活动的日益频繁，如何高效统筹资源、规范管理流程、保障科研安全，成为亟待解决的重要课题。在此背景下，国家南繁工作领导小组应运而生。

1995年，农业部和海南省人民政府联合，在三亚成立了国家南繁工作领导小组，农业部副部长、海南省副省长担任国家南繁工作领导小组组长，领导小组下设办公室，负责处理日常事务，办公室主任由海南省农业厅厅长担任，副主任由农业部相关司局负责人担任。南繁管理的制度化建设就从那时候开始了。

---

*曾任国家南繁办公室专职副主任、海南省农业农村厅一级调研员，现已退休。

每年的9月、10月，南繁季节到来之际，农业部会派遣一位经验丰富的干部前来海南，指导南繁管理工作。与此同时，海南方面则全力配合，省农业厅、省种子站、省农垦系统等相关单位均派员参与管理，三亚植物检疫站也是不可或缺的重要力量。他们共同组成了一个临时但高效的管理机构，确保南繁工作的顺利进行。

南繁管理模式的一个重要变化，是从我担任专职副主任的那年开始的。

2000年，农业部跟海南省人民政府签了一个备忘录，把原来的南繁管理模式做了调整，用一句话说就是"省部共管，省厅操作"。这一调整意味着农业部不再直接派人参与管理，但仍提供经费支持。时任海南省农业厅厅长肖若海担任了南繁办主任，我作为省农业厅的干部，也被派往南繁办担任专职副主任一职。那年9月，我便到了南繁办上岗。

冯克珊已在三亚植物检疫站担任副站长多年，他不仅了解南繁的植物检疫情况，也非常熟悉南繁工作，对南繁工作有着深厚的感情和独到的见解。因此，顺理成章地，我们在南繁办结识。

在南繁办的日子里，我、冯克珊、陈德清、周裕国四个人并肩作战、齐心协力，一起负责南繁办的工作，一直做了八年。南繁季节一般从10月持续到次年的4月，这段时间里，我几乎全职在三亚工作，没有宿舍，我就自己在外边租房子住，只有偶尔的一两个周末才会回家。尽管忙碌、辛苦，且不能陪伴家人，但能够为南繁事业贡献自己的力量，我甘之如饴。

到了10月，南繁的队伍都来了，我们要专职服务南繁，管理南繁。那八年里，南繁办一直是一个临时机构，经费很紧张，我们管理着三四个市县，每个市县分配的资金都十分有限，一年二三十万元的预算。我离开南繁办调回省农业厅前，最多的时候增长到42万元，但依然捉襟见肘。我们没有明确的分工，基本上南繁办遇到的所有大大小小事务，都是我们一起解决的。在这样的工作条件下，我们结下了深厚的同事情谊。

冯克珊在南繁管理工作中表现很突出。他从20世纪60年代起就一直在三亚做南繁相关工作，对南繁各地区的人和事都了如指掌，熟门熟路。当时还没有地图导航，我们开一辆小小的轿车出去，去到哪里，都得靠冯克珊。他不仅是我们南繁办的“活地图”，还是我们南繁大队伍的后勤保障。无论是找人、找专家，还是找地，他都能很迅速地帮忙解决，甚至对南繁单位找的土地质量、委托的农户品行，他都很了解，能提供可靠的信息。在各种矛盾纠纷中，他总能提

2006年三亚警备区农场成立50周年，冯克珊（右一）、梁安琼（左二）、周裕国（左一）等人合影（梁安琼 提供）

供及时有效、非常到位的服务。

更值得一提的是，他还是"野败"的发现者之一，为杂交水稻的成功配组立下了汗马功劳。这在海南的农业界都是家喻户晓的，也是我们值得自豪的一件事。倘若没有发现"野败"，我们杂交水稻不知道什么时候才能够成功。袁隆平老师在那之前曾经费尽千辛万苦去寻找雄性不育水稻，但都没有收获。1970年冯克珊跟袁隆平老师的助手李必湖一起，在南红农场发现"野败"，这虽然只是一个发现，但它是一个特别大的贡献。袁隆平老师非常肯定这个发现，也很肯定冯克珊。2004年袁隆平老师的74岁生日，我们几个一起去湖南。当时袁隆平老师他们开了一个表彰会，给冯克珊颁发了奖状和奖金，表彰他对杂交水稻的贡献。

我和冯克珊共事这么多年，相处很愉快。当时我们的办公室是在三亚植检站的办公楼内。后来为了工作便利和节省开支，我们几个人分别从自己的工资补助里拿出一点钱，租了一间房开办"食堂"，冯克珊请了他爱人过来帮我们做饭。这不仅让我们在忙碌的工作中有了家的感觉，也让我们之间的情谊更加深厚。

春节是南繁育种最繁忙的时候。我们年前往往要忙到大年三十，代表国家南繁工作领导小组去慰问南繁专家、送去关心和祝福后，才能回家和家人吃团圆饭。为了保证南繁育种顺利推进，基本上过完大年初一，我们就要立即返回工作岗位。在那段本该和家人团聚的时间里，每次我一个人回到三亚工作时，冯克珊总是热心邀请我到他家里吃饭，让我感受到家一样的温暖。

那段南繁岁月，是我工作生涯中极其重要的八年，可以说是无私奉献、收获满满的八年。我和南繁办的同事们，围绕着如何保护好、建设好、利用好南繁基地，为国家农业发展提供永续的助力，开展了深入细致的调研，提出了具有建设性的意见和建议，为国家层面制定南繁发展规划提供了有价值的参考；争取到了国家资金支持，开展若干个南繁基地基本建设项目，大大改善了南繁科研生产条件；通过媒体，大力宣传南繁专家的先进事迹以及南繁对国家农业的巨大贡献，引起了社会的关注和共鸣，推动南繁事业发展；事无巨细，努力为全国20多个省（区、市）3000多名南繁科研工作者，提供气象信息、土地信息等，协调各种纠纷，开展节日慰问、座谈交流等服务。如今再回首，我觉得荣幸之至。

冯克珊老同志不仅是一位对国家粮食发展有特殊贡献的农业工作者，也是南繁工作中的“活地图”，更是值得信赖、给我们温暖的朋友。我们共同为南繁事业奋斗的岁月，将永远铭刻在我的心中。

南红蜕变：从困境到新生

符继业*

南红农场，是一块承载着厚重历史与现代农业梦想的土地，它的历史可追溯到20世纪60年代。1968年，农业部下发的函中写道："为了方便北方各省冬季繁殖良种，经由农业部投资，海南黎族苗族自治州经办的南红农场……"这明确道出了南红农场的由来和兴建宗旨——农业部支持，服务南繁。初建时，农场主要招募当地农民参与工作，这些农民成为农场最早的职工。后来知青下乡，也有部分人长期留了下来。南红农场在当时为南繁单位提供了一个非常宝贵的平台。

提到南红农场的历史，不得不提到袁隆平老师和冯克珊老师。1970年，做水稻杂交"三系"配套的袁隆平老师来到这里南繁，冯克珊和李必湖发现了"野败"水稻，报告给袁隆平老师……2006年我才来到南红农场，过去的故事都是听老职工说起的，当时冯克珊

---

*三亚市热带农业科学研究院粮食作物研究室主任。曾任南红农场场长。

已调任植物检疫站副站长，但他的名字与“野败”紧密相连，是农场历史里不容忽视的亮点，老职工们讲起那段历史时都滔滔不绝。那时，发现“野败”的那条水沟还在，里边还长了很多野生稻，但到后来修了公路，环境改变，野生稻也就没有踪迹了。

2002年，由于农场体制改革，财政支持锐减，农场开始自负盈亏。南红农场早期的主要利润来源是水稻制种。但是到了2004、2005年水稻制种的市场转向低迷，农场几乎没有盈利。这导致农场经济状况急剧恶化，职工工资发不出来，农场基本上处于无人管理的状态。我第一次到南红农场时，那里可以用“破烂不堪”来形容。道路是土路，杂草丛生，没有水沟，下雨时污水横流，农场整体状况甚至不如周围农村。

我过来担任场长后，还曾经跑到其他市县的种子公司追讨水稻种子款。但当时的种子公司经营也十分困难，种子款难以追回。面对这一困境，我当时提出了“三年一小变，五年一大变”的目标，并着手实施了一系列整改措施。

为了扭转局势，我们决定转变发展方向，以育瓜菜苗为主，减少水稻种植。我们接了三亚市农业综合开发办公室（简称市农综办）瓜菜种苗生产的项目，市农综办当时在做高标准农田建设，涉及种苗发放。我们负责把瓜菜种子培育成苗，发给农户种植。育苗也是一门技术活，经常需要对职工进行专门的嫁接培训。比如，当时茄子的枯萎病比较严重，我们就要通过嫁接苗的方式来避免病害发生。瓜菜育苗的项目给农场带来了盈利。这一转变不仅使农场的生产顺应了市场需求，也为农场带来了新的生机。

农场的经济局面开始好转后，我首先着手解决了职工社保问题，把之前拖欠社保局的职工社保还清。此外，我带领职工们改善农场环境，修建道路、水沟、球场、卫生间等，还申请相关补贴为没有住房的职工建起了一栋职工宿舍楼。以前袁隆平老师住过的旧瓦房，那时候塌了，没办法继续保留，我们只好拆了重建。经过五年的努力，农场的生产有了极大好转，基础设施得到了完善，道路硬板化，住房、社保都有了保障，职工们的生活水平也得到了显著提高。那几年，我们就实现了“三年一小变，五年一大变”的目标。

2012年，南红农场合并到三亚市热带农业科学研究院，改称“妙林基地”。三亚热科院是差额事业单位，85%的经费由财政负责，加上单位自身做的生产项目，妙林基地的发展面貌焕然一新。合并之后，关于农场的管理工作主要是原来职工的生活、生产问题：生活上，住房和社保基本上已经稳定；生产上，分田到户自己搞生产，单位每年补贴一些种苗、种子和肥料。挂着“南红农场”四个大字的那栋楼房，在修铁路的时候计划是要被拆掉的，但在我们的努力争取下，只拆了一部分场地，将农场的重要历史建筑保留了下来。

2016年，我下乡参加扶贫工作，一干就是六年，到2023年年底才回来。回来后单位安排我到粮食作物研究室里面负责水稻工作。现在单位发展好起来了，妙林基地重新定位回水稻种植，计划以后在这边做水稻展示和引进。瓜菜育苗则主要移到崖州基地和水蛟基地。

水稻展示和推广工作，与以前南红农场的良种示范工作差不多，不过现在的专业化程度更高。我们将经过审定的不同品种的稻种种出来，请专家评定，筛选出适合海南种植的产量高、抗性好的种子，再将好品种推广给农户。

我们现在仍然在支持南繁，河北农科院、浙江农科院等单位在南繁季节都过来做他们的试验，等他们收完种子，我们就接茬做我们的水稻品种推广。三亚的冬季除了种瓜菜，就是做南繁，过完冬季才开始种水稻。为了响应国家“提高粮食单产”政策要求，我们积极鼓励农户在冬季种完瓜菜后接茬种植水稻或其他粮食作物。为了让农户在接茬种植上有经验可循，我们自身也在总结南繁后接茬的经验和问题。为了提高农户种植粮食的积极性，我们每年都为农

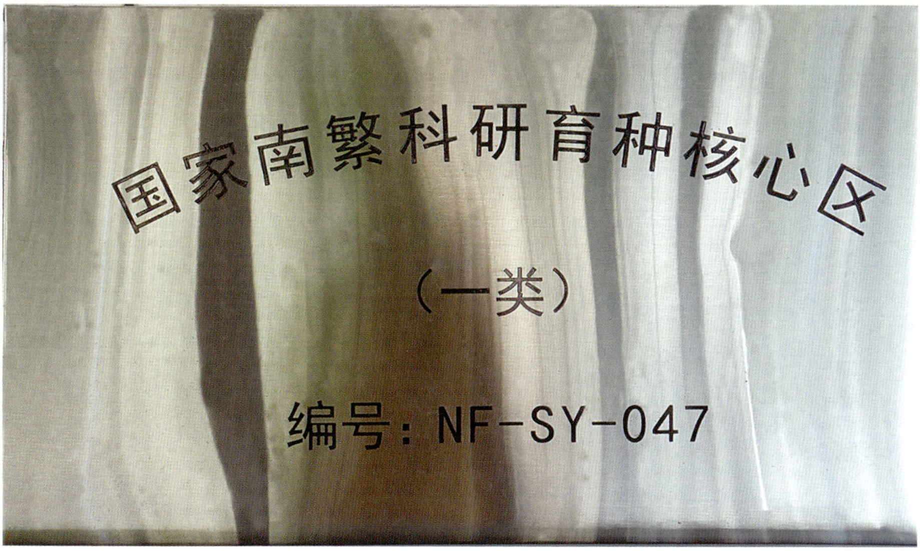

三亚热科院妙林基地（原南红农场）挂牌“国家南繁科研育种核心区（一类）”

户采购并发放经过筛选的水稻品种种子，并下乡到各个村做技术培训，集中帮他们做飞防，防治病虫害。此外，我们还计划将农户种植的大米进行统一收购和包装销售，创立"海南好米"的品牌来提高附加值，增加农户的经济收益。

回首往昔，我见证了南红农场的重要蜕变时期。看着农场在我们的努力下一步步走出困境，成为如今的妙林基地焕发新生，在这片土地上洒过的热血都转化成了农场一次次的蜕变，我内心是无比喜悦和澎湃的。不经历风雨，怎能见彩虹？

当下，妙林基地在三亚热科院的引领下，正以前所未有的活力，投身于水稻种植与南繁事业的浪潮中。未来，我们将延续南红"服务南繁"的精神，并努力将南繁成果向下转化"服务基层"，让妙林基地在水稻示范和推广上继续作贡献，为守好粮食安全底线、端稳中国饭碗贡献一份力量。

南繁精神薪火相传

孔祥义*

南红农场，是我们单位建场较早的农场之一。2012年，南红农场、崖城良种场和三亚市农科所合并成立三亚市热带农业科学研究院后，南红农场因那边的妙林田洋而更名为“妙林基地”。那里曾见证了农业科研的艰辛与辉煌，是一个承载着不凡历史与农业情怀的地方。

我在三亚市南繁科学技术研究院（简称三亚市南繁科学院）工作时，时任院长曹兵常常提及冯克珊和李必湖发现“野败”并报告给袁隆平先生的事迹。当时可能很多人都见过野生稻，因为它们长得像芒草一样高大，很显眼，职工们天天在农场里走来走去，很难不看到。但唯独冯克珊先生清楚地认识到野生稻潜在的科研价值，眼光独到，和李必湖一起发现“野败”并报告给了袁隆平先生，这

*三亚市热带农业科学研究院院长。

就是他的贡献所在。直到现在，我们都还很骄傲，冯克珊先生能发现"野败"，成就了杂交水稻，成就了南红农场，成就了三亚热科院现在的妙林基地。

冯克珊获三亚市热带农业科学研究院终身成就奖

2019年我来到三亚热科院后，也听闻了很多冯克珊先生相关的历史，他是农业技术人员，有很深的农业情怀，在南繁服务工作上作出了很多贡献。单位成立70周年时，我们专门邀请他作为特殊贡献者前来，颁奖表彰他对农业科研事业的杰出贡献。他是三亚热科院的一个模范，体现了农业一线工作人员的智慧，体现了单位"服务南繁"的精神。没有他们这些一线工作人员的付出，农业成就不了这么伟大的事业。以冯克珊先生为代表的南红农场老职工在过去一直从事南繁服务工作，贡献了几十年，也做得非常好。老一代南繁人的精神，是最可贵的一个精神财富，我们希望能将他们的精神一代代传承下去。

三亚热科院的历史，最早可追溯至1953年崖城良种场成立。70多年来，单位的前辈们在"吃得饱""穿得暖""吃得好"等方面为各个南繁单位提供了应有的南繁服务工作——袁隆平先生团队在南红农场南繁时发现"野败"，中国农业科学院棉花研究所（简称中棉所）最早入驻崖城良种场南繁，吴明珠院士所在单位新疆农科院最初也在崖城良种场开展南繁工作……三亚热科院重组之后，更加重视南繁工作，接过老一辈农业人的接力棒，端稳中国饭碗，致力于把南繁精神更加发扬光大。袁隆平先生对水稻的那份执着与热爱，如同不灭的火种，代代相传。如今万建民院士、谢华安院士、钱前院士、陈温福院士等新一代的水稻科研领军人物，秉承了老一辈科学家的精神和情怀，来到我们基地继续耕耘南繁事业。他们不仅在科研上取得了卓越成就，更在传承和发扬老一辈精神方面作出了表率。

水稻是我们的重要南繁作物之一，每年都产生新的成果。这些成果都是在前人的基础上做出来的。在“野败”和杂交水稻的贡献与影响下，我们不单单服务全国，未来还要服务东南亚和“一带一路”共建国家，甚至服务全球。

如今，三亚热科院已经发展成为拥有2000多亩土地、几十家南繁单位入驻的南繁科研重地，汇聚了中国科学院、中国农科院、中国热科院、中国农业大学等科研院所。作为农业基层服务单位，我们与科研单位紧密合作，向上对接科研院所，提供优质服务并助力科研成果转化；向下深入基层一线，为老百姓解决实际问题，打通科技转化的“最后一公里”。我们致力于将农业科研成果转化为实际生产力，推动农业发展和农民增收，发挥着不可或缺的枢纽作用。

在南繁科研和成果推广的过程中，像冯克珊先生一样的基层一线工作人员是我们最坚实的后盾。他们拥有丰富的实践经验，长期坚守在农业科研的第一线，在育种、种植、推广等各个环节中，用汗水和智慧为南繁事业默默奉献。我刚研究生毕业时就来到了三亚市南繁科学院的基层一线。在曹兵院长的安排下，我主要负责南繁服务工作，涉及的作物有西甜瓜和水稻等。我从最基础的田间工作开始做起，从栽培到收获，整一套流程都亲自去做。基层一线工作是非常辛苦的，特别讲情怀，没有情怀很难坚持下去。我也曾自我怀疑，但每一次坚持都让我离内心的答案更近。

一两年后，我们开展西甜瓜评比，瓜的甜度高、很好吃，幸福感油然而生。当时每一个品种我都尝过，最开始吃都是整块整块地吃，后面吃到嘴唇都裂了，只能"浅尝辄止"。随着时间的推移，我在栽培领域越来越专业，自然而然地感受到了工作的充实，收获了成就感，也品味到了农业的乐趣，领会到了基层一线工作的重要意义，所以现在也能说上一句"苦中知乐"，理解冯克珊先生一辈子做农业的情怀了。

从南红农场到三亚热科院，从老一辈农业人到新一代科研领军人物、新一代基层一线人员，对农业的执着与热爱始终延续着。以冯克珊先生为代表的南红农场的精神，不仅体现在个人身上，更融入了三亚热科院的血脉之中。我们将继续传承和弘扬老一辈南繁工作人员的服务精神、奉献精神，培养出一代又一代的具有农业情怀与服务精神的基层一线接班人，将南繁事业传承下去，生生不息。

往事追忆

谢长江*

我是袁隆平老师在安江农校的首届学生之一，也是其科研道路的早期见证者。1951年，我到安江农校读书，比袁隆平老师到学校教学还早了两年。他是1953年8月于西南农学院毕业后才来的，他一来便担任了我所在班级——农作物专业303班的班主任。我们当时是五年一贯制，六年的课程要用五年的时间学完。那个年代，由于政治上向苏联一边倒，学术上也受到影响，我们学的外语是俄语，学习的遗传学说是米丘林、李森科的学说。袁隆平老师既是我们的俄语启蒙老师，又主讲植物栽培学、生理学及遗传育种学等专业课程。

袁隆平老师的科研道路是非常艰难的。在只能学习苏联学术思想的背景下，他在科研上走过很多弯路，比如，尝试月光花嫁接红

*曾任湖南杂交水稻研究中心副主任、袁隆平农业科技奖励基金会秘书长。

薯、西红柿嫁接马铃薯等无性杂交。袁隆平老师对遗传学有自己独特的见解，追求真理、无所畏惧，在多次无性杂交试验失败后，他通过外文杂志自学西方的孟德尔、摩尔根的遗传学说，并且经常拿到课堂上讲给我们听。

我也是写袁隆平老师传记的第一人。1957年我中专毕业后在绥宁县工作了34年，从农业局的技术员，一步一步成长为县委副书记、县政协主席。1986年，袁隆平老师还不是院士，还未出名，但三系杂交水稻成功影响很大。我的同班同学们都向我提议，让我把袁隆平老师的传记写出来。这件事情意义十分重大，我深受鼓舞。

由于本职工作繁忙和传记撰写的复杂性，为袁隆平老师立传的计划进展缓慢。直到1987年，我才正式立项开始撰写《袁隆平传》，利用业余时间收集第一手资料。但当时我尚未获得出版经费，一直在等待合适的时机。1988年，广西科学技术出版社计划编纂“当代中华科学英才”丛书，并有意为袁隆平老师撰写传记。那年刚好是袁隆平老师团队“两系法”杂交水稻攻关最关键的一年，袁隆平老师虽多次婉拒，但终为出版社诚意所动，安排我来撰写这部传记。于是，我得以将出版社的想法与我的计划相结合，解决了经费问题，并全身心投入采访与写稿工作中。为了更深入地了解袁隆平老师，我遍访全国，从他的出生地北京到求学地重庆，再到安江农校，收集了大量珍贵史料。1990年，首部传记《杂交水稻之父袁隆平传》顺利出版，并于1992年5月荣获“五个一工程”奖。

可惜的是，当时交通没那么发达，我没有足够的时间和精力到三亚采访，关于“野败”的发现经过，仅依据袁隆平老师及尹华奇、李必湖两位核心当事人的口述写成。传稿出来以后，经过袁隆平老师审查、修改就交给出版社了。在书中“野败”发现的情节，我根据李必湖提供的线索，把冯克珊定位为向导，即李必湖在冯克珊的带领下发现“野败”。

后来冯克珊认为这个说法不妥当，向农业部科技司写了一封信，提出应该定为“共同发现”。农业部科技司把信转给了袁隆平老师，袁隆平老师又转给了我，让我专门为这个问题到海南去调查。我认为这是很重要的问题：这不仅是史实修正问题，更关乎科研伦理与知识产权保护。于是，在1992年3月，我专程前往海南了解，最终确认了冯克珊先生在“野败”发现过程中的关键作用。

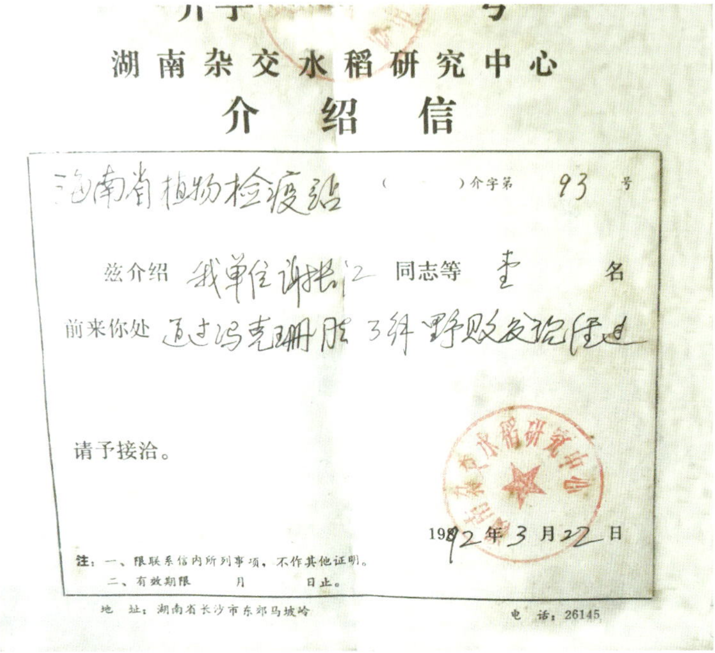
湖南杂交水稻研究中心
介绍信
海南省植物检疫站 （ ）介字第 93 号
兹介绍 我单位谢长江 同志等 壹 名
前来你处 通过冯克珊了解野败发现经过
请予接洽。
1992年3月22日
注：一、限联系信内所列事项，不作其他证明。
二、有效期限 月 日止。
地 址：湖南省长沙市东郊马坡岭 电 话：26145

1992年，谢长江携湖南杂交水稻研究中心介绍信到海南三亚了解“野败”发现经过

袁隆平老师的科研之路充满艰辛。自1964年起，他历经六年攻关未果，在政治运动与学术质疑双重压力下，

仍坚持将研究范围扩展至野生稻。1970年春，袁隆平老师团队在云南发现的野生稻未能开花完成杂交，同年，云南野生稻试验失败后，他带领团队跨越千里赴三亚南繁基地，在生活条件艰苦、科研压力巨大的环境中持续探索。幸运的是，南红农场领导与冯克珊给予了全方位支持——冯克珊不仅系统学习杂交水稻理论，更在实践中提供技术协助与生活关怀。这种理论与实践的深度结合，使他既理解科研目标，又熟悉海南野生稻分布规律，最终促成“野败”的发现。1970年11月23日，冯克珊主动带着李必湖至沼泽地，共同发现并挖掘出“野败”植株，后由农场职工杨传精用牛车运回试验基地。经实地走访核实，我确认冯克珊在“野败”发现过程中发挥了关键作用，并将调查报告提交给袁隆平老师与海南省农业顾问陈洪新。最终，权威专家认定为“共同发现”，我亦将证明材料寄送给冯克珊，妥善解决了这一学术争议。

“野败”的发现堪称改写农业史的重大突破：它既源于袁隆平老师“扩大育种材料”的战略指导（必然性），又得益于科研团队的敏锐观察（偶然性）。此前，美国、日本等国家数十年攻关未果，日本“三系法”虽成功但优势不显著。袁隆平老师通过品种间杂交，以科学实证打破“水稻无杂种优势”的学术定论，而“野败”的出现，为“三系”配套提供了关键种质资源。这一发现不仅奠定了中国杂交水稻的世界领先地位，更破解了困扰人类的粮食安全难题。1981年，国家将首个特等发明奖授予袁隆平老师团队，这是新中国成立以来首个农业领域特等奖，充分肯定了科研团队的卓越贡献。

2018年3月24日，谢长江、袁隆平、冯克珊（从左至右）在海口东高铁站合影留念

我与袁隆平老师的情谊可用三个数字概括：68年师生情、15年追随路、35年共事缘。为提升传记写作水平，我曾脱产进修中文专业，这使我能脱稿讲述袁隆平老师的故事，既保持学术严谨性，又赋予人文温度。

自1992年与冯克珊结缘，我们跨越三十载春秋，始终保持密切联系。他对我代表单位赴海南调查一事常怀感念，而我亦珍视这份科研情谊。如今我们虽因年事已高减少远行，但仍通过现代通信方式分享生活感悟。中国古代哲人在《左传》中提出“三不朽”——立德、立功、立言。冯克珊以发现“野败”立科研之功，以谦逊品格立君子之德，以口述历史立传世之言，堪称当代“三不朽”的典范。

能为袁隆平老师、冯克珊等科研先驱排忧解难、记录历史，是我人生中最珍贵的使命。

“野败”，意外却非偶然

辛业芸*

因发现“野败”，共同发现者李必湖先生和冯克珊先生在杂交水稻领域享有盛名。而对于冯克珊先生，我虽早闻其名，但直至1996年调入袁隆平老师团队赴海南南繁时，才得以见到冯先生。

冯先生曾到湖南杂交水稻研究中心海南南繁基地探望过几次袁隆平老师，记得有一次，冯先生来探望时提及心脏不适，袁隆平老师非常关心他，叮嘱他要保养好身体。

21世纪初，因要拍摄一部关于袁隆平老师的影片，我陪同拍摄组前往三亚，冯先生带我们去“野败”的发现地踩点。他尽职尽责，带着我们去到发现“野败”的地方。当时发现地原址已经修了公路，他用手指指着发现地的位置，我还拍下了照片。其后三亚市申报袁隆平老师工作旧址为文物保护单位时，冯先生又带我们在南红农场

*湖南杂交水稻研究中心研究员，曾任袁隆平院士助理。

寻找袁隆平老师曾经的足迹。他带大家去看了袁隆平老师当时住过的房子，以及试验田田块。虽然已经被重新装修、贴了瓷砖，不再是原来的模样，但房子还是那一间。当时看着那间房子，我仿佛能穿越时空看到袁隆平老师在那生活、工作的场景。

袁隆平老师是“共和国勋章”获得者，是国家的功勋人物。国家2021年曾下任务要求对功勋人物做文献建设，以此作为社会主义核心价值观的具体支撑。由于袁隆平老师已去世，直接采访功勋人物的计划实现不了，只能通过采访他的同事、助手、学生、朋友等人来还原他的事迹。为此，我们采访了将近60人，其中就有冯先生。

采访时，冯先生向我们讲述了发现“野败”时的情况。他叙述当年和李必湖先生一起发现“野败”后，碰上南红农场的牛车回场部，便叫停一起坐牛车回去。因为农场挨着机场，当时飞机起降不多，农场便将收获的谷子用牛车运到机场跑道上晒，所以牛车在路上来回经过，那天就恰好遇到了一趟牛车运谷子回场部。

“野败”的发现，实属一个意外。当时袁隆平老师带着助手到三亚南繁，顺便寻找野生稻。他们奔着找野生稻而去，却意外发现天然雄性败育的野生稻，袁隆平老师镜检确认后当即为之命名“野败”。此前袁隆平老师带领助手们进行了六年攻关，均未得到不育株率和不育度均达100%的材料。他萌生了“用远缘杂交去创造新的不育材料”的想法。在袁隆平老师的思路指引下，他们在寻找野生稻的过程中，直接发现了这株天然雄性败育的野生稻。所以“野败”

的发现堪称科学史上的奇迹。

1961年，袁隆平老师曾发现一株“鹤立鸡群”的水稻，其性状优于其他稻株。他按照当时的选育办法进行系选，把表现好的稻株种子留下来继续种，如果优良性状保持了下来，那很可能成为一个优良的品种。然而第二年种子种下去，抽穗时看到性状发生了分离，于是袁隆平老师推断上一年发现的“鹤立鸡群”稻株乃是一株天然杂交稻——只有杂交稻的后代才会出现性状分离。这一发现使他产生了一个灵感：自然界中能产生杂交稻，那为何不能通过人工培育，产生杂交稻呢？

这一想法在当时可谓是对经典遗传学的挑战，也被认为是对经典遗传学的“无知”。因为经典遗传学已经界定，水稻是自花授粉植物，杂交没有优势。然而袁隆平老师没有受经典遗传学的束缚，而是冲破这个限制，进行了巨大的创新。袁隆平老师把杂交水稻研究历史的元年设定为1964年，那年他在茫茫稻海中去找不育株，决定借此来人工培育杂交水稻。1970年前的六年时间进展不大，他们用1000多个品种，做了3000多个杂交实验，由于没有得到那种100%不育的材料，研究陷入了瓶颈。用李必湖的话来说，当时是一个至暗时期，杂交水稻研究陷入了绝境。

当时袁隆平老师带领李必湖和尹华奇去了云南元江做南繁。1970年1月5日还碰到了发生在通海、峨山一带的7.7级通海大地震，当地的人都劝他们离开，但是他们为了完成试验就一定要留在那里，在两棵树中间扯了塑料薄膜搭起简易窝棚便住了下来。在这个过程中，袁隆平老师一直在思考不育材料的问题。尽管处在地震的危急情况下，但袁隆平老师却召集两位助手开了一个三人会议，首次提出了利用栽培稻与野生稻杂交以创造新的不育材料的设想。

我写袁隆平老师的口述自传过程中，写到寻找野生稻的思路来源时，袁隆平老师跟我提到了“冬不老”（也称“公禾”）现象的长期观察。袁隆平老师是个很有远见的人，我们认为他得到天然杂交稻的启示是1961年，但实际上类似的观察可能更早，因为袁隆平老师非常善于观察。当时的水稻田，特别是糯稻田里，经常会出现“冬不老”植株。所谓的“冬不老”，在气温逐渐转低，生长季节几近结束时，它还不抽穗或不能正常成熟。现在回头看，“冬不老”或“公禾”可能是感光的材料或自然串粉的籼粳杂交稻，但当时是欠了解的。袁隆平老师观察到这个现象，他记在心间。此前他决定人工培育杂交水稻，与此也有关联，因为他产生了联想。后来，在培育100%不育材料时，他再次想到了“冬不老”——籼粳亚种间杂交后，结实率会降低，既然如此，那么再把亲缘关系拉远一点，远至野生稻，就有可能产生不育。所以早在到海南南繁、发现“野败”之前，袁隆平老师就已经提出来了这个思路。他们想到的是通过栽培稻与野生稻杂交产生不育材料的新途径，所以在云南的时候他们就开始找野生稻，只是寻得的野生稻（包括从华南农学院引种回湖南的野生稻）试验结果都不理想。

他们盯着这个目标，1970年去三亚南繁时，便继续寻找野生稻以用来杂交产生不育材料，结果没想到李必湖先生和冯克珊先生直接找到了一株天然雄性败育野生稻。袁隆平老师原话是这么跟我讲的：“那是个意外!”刚发现的时候还不确定这是个宝贝呢。后来经过两年的试验，利用“野败”转育取得重大进展，后代达到100%不育，才知道这是一个宝贝。

我觉得冯先生是一位求上进、善学习的人。他在袁隆平老师到南红农场后，总是跟班学习，听袁隆平老师讲课，跟李必湖、尹华奇做观察和试验。当然，袁隆平老师自身也是一个非常有魅力的人，有凝聚力，有号召力，能够使别人跟随他、遵循他的研究思路去工作，去实施他的想法。

袁隆平老师总是说巴斯德有一句名言：“机遇只钟情于有准备的头脑。”李必湖先生因多年参加水稻雄性不育的研究，对各种不育材料的特征了然于心，面对出现在眼前的天然雄性败育野生稻，他就能“慧眼识珠”；冯先生作为农校科班出身的技术员，在掌握有关农科理论知识的基础上，通过跟班学习也领悟了不育性状的特点，加之对当地生态的熟稔，最终与李必湖先生共同发现了“野败”，成就了偶然中的必然。

“野败”的发现，既是袁隆平老师科研思想的必然产物，也是科研团队敏锐捕捉机遇的偶然结果。杂交水稻研究成功不仅续写了中国农业史华章，更为保障中国和世界粮食安全起到积极和重要作用。

与“野败”同行：冯克珊先生的稻香人生

——谨以此文献给中国杂交水稻事业的“幕后英雄”

王英诚*

作为一名长期跟踪报道农业科技的新华社记者，我曾无数次与冯克珊先生并肩站在三亚南红农场那片见证历史的沼泽地旁。耄耋之年的他，总爱指着铁路涵洞边的稻田，用带着海南口音的普通话重复着那句话：“这里，就是‘野败’的摇篮。”2025年的今天，当我再次翻开采访笔记，冯克珊先生坚毅的背影、布满老茧的双手，以及那双谈及“野败”时永远闪烁光芒的眼睛，就在眼前。

雨夜寻稻，他铸就改写历史的“铁三角”。1970年的海南，中国杂交水稻研究正陷入僵局。袁隆平老师团队的上千次试验因“近

*曾任新华社三亚记者站站长，现任海口市委常委、秘书长。

亲繁殖”难以为继，寻找雄性不育野生稻成为破局关键。彼时27岁的冯克珊，作为三亚南红农场技术员，主动请缨：“我是海南人，地形熟，我来找！”那段日子，他瘦了20多斤，翻遍三亚、乐东的每块野稻田，却一无所获。

直到一个雨夜，他猛然想起铁路涵洞旁那片被遗忘的沼泽。凌晨时分，他赤脚蹚过泥水，手电筒的光束穿透雨幕，最终定格在一株花药异常的野生稻上——“宝贝，我可找到你了！”他摔倒在泥泞中，却笑得像个孩子。次日，他拽着袁隆平老师的助手李必湖重返现场，一株雄性不育野生稻（后称“野败”）的发现，从此改写了世界粮食史。

他是真正的无名英雄，让“野败”成为“军功章”。“野败”的命名者是袁隆平老师，但冯克珊的贡献从未被遗忘。袁隆平老师曾感慨：“三亚是福地，冯克珊是福将！”正是他将这株野生稻的坐标铭刻于中国农业史——1973年，“野败”杂交的“二九南1号A”试种成功，1976年推广至全国，累计增产稻谷超3500亿公斤。面对荣誉，冯克珊却谦逊如初：“我只是尽了一个农科人员的本分。”

2004年，袁隆平老师特意邀请他赴长沙领取“袁隆平农业科技奖”。接过证书时，他幽默地说：“‘野败’呀，该给你军功章！”这份淡泊，恰如他毕生坚守的信念：“种子是土地的馈赠，科学是人民的财富。”

他始终是一位守望者，从育种人成为“种质卫士”。退休后的冯克珊并未离开稻田。他与王效宁、杨毅组成“铁三角”，奔走呼吁野生稻保护。面对城市化对原生地的侵蚀，他们绘制海南野生稻GPS定位图，推动建立“国家野生稻种质资源圃”，收集全球逾4500份种质资源。即便在病榻上，他仍念叨：“野生稻要是灭绝了，就是断了子孙的粮路啊！”

稻香如故，他为薪火相传的南繁精神树立了丰碑。冯克珊常说：“袁隆平老师是灯塔，我是提灯人。”他一生践行着袁隆平老师倡导的“知识、汗水、灵感、机遇”八字箴言。他说：“育种人的幸福，就是看着稻穗低垂，听着碾米机轰鸣。”

冯克珊，就是一粒种子的史诗。冯克珊眼里，就是三亚南繁基地的试验田里，新一季杂交水稻正抽穗扬花。风过处，稻浪翻滚如海，仿佛在诉说一个关于坚持与奉献的故事。冯克珊恰似那株“野败”——生于泥泞，却托举起一个民族端牢饭碗的底气。

今天，当我们端起饭碗，不应忘记：每一粒米中，都凝结着冯克珊等前辈的青春与热望。他们用双脚丈量土地，用双手捧出奇迹，将论文写在了丰收的大地上。

冯克珊先生：平凡而伟大的人

曹　兵*

1989年10月，我跟随新疆农垦科学院农业所所长黄明安老师，到三亚荔枝沟师部农场新疆南繁指挥部从事杂交水稻育种。当时安顿好住宿生活，分配了试验地块，黄明安老师就交代我带着水稻种子产地检疫证去三亚友谊路植物检疫站办理种植许可登记。在那里我第一次见到了冯克珊先生，他当时正担任南繁作物“检疫官”。他长得高大威武，办事却非常耐心细致，很快就给我办理好了手续。我刚出校门不懂办事，也从未去过机关，想着检疫站是有专门制服的，非常威严。

出乎我的预料，冯克珊先生告诉我：“新疆南繁做得好，有统一的试验和生活服务保障，我认识你的老师黄明安、唐惠益夫妻，他们都是著名专家，率先实现‘野败’粳稻‘三系’配套，非常了不起！你不要怕吃苦啊，跟着他们能够做出成绩。”他还再三叮嘱我，

*海南大学副校长、海南省南繁协会会长。

一定要注意病虫害，感染了检疫病害就不能带种子回新疆，北方粳稻在海南因为气温的差异易早熟抽穗，试验田有问题找他咨询。

我小时候在江苏老家见过水稻，上学读书后再也没有见过，大学学生物，对水稻育种一窍不通，阴差阳错与南繁水稻结下不解之缘，我接力师兄孟卫东老师做南繁试验，他总说："三亚植物检疫站很严格，能不能开展南繁试验、能不能带回南繁种子由'检疫官'说了算。"我本来忐忑不安的心情，在听了冯克珊先生一席话后平复了很多，我感觉他不像一个"官"，对我这个"白丁"不吝鼓励，也感觉到他对水稻育种非常专业。

随着我从事南繁育种越久，与冯克珊先生接触多了，也慢慢熟络起来。每年南繁我都要去三亚植物检疫站办理试验登记报备工作。在南繁试验季节，冯克珊先生也会到各项目试验田检查指导，看看农作物生长情况。他特别关注病虫害防治，提醒南繁人员加强植保工作。如果发现试验田病虫害特别严重，他会从挎包中拿出笔记本认真记录。如果他说到种子收获时间要通知他来看，这意味着他多半发现了检疫对象。南繁最终收获的种子必须再到检疫站开具合格证书方能带回家乡继续种植。如果病虫害情况严重，是不允许南繁人员带回携带病原的种子的，这是为了防止病虫害大面积扩散，避免造成生产损失的保护性强制措施。

植物检疫是非常辛苦的工作。南繁试验遍布从陵水、三亚至乐东的乡镇村、农场、林场，有些试验为了作物花粉隔离、防止偷窃等，安排在非常犄角旮旯的地方，那么多单位、项目课题，加上不同作物检疫性病虫害不一样，南繁人员所属地区也有不同检疫要求，这都对检疫人员提出了非常高的专业技术要求：要不辞辛苦地跑试验田块，可以想象以前道路不便，交通工具缺乏，经费、人员、装备不足的情况下，要做好涉及全国农业生产、生态、生物安全的重要工作的难度。几十年如一日，冯克珊先生做到了，还做得非常好，受到广大南繁科技人员好评——既专业，服务态度又好！尽管也有个别南繁人员说他是个不讲情面的“倔老头”，经常太认真，发现发病的南繁试验田块，非要亲自监督销毁，不让一粒带毒种子回到内地。

一直做南繁育种试验，我也“道听途说”了杂交水稻的很多历史和传说，逐渐了解到冯克珊先生为什么对水稻那么熟悉，对杂交水稻的专家学者那么好，连对我这个小字辈都关爱有加。原来他也是“有故事”的“爱屋及乌”的人。

1964年袁隆平先生率先在中国开启杂交水稻研究历程，一开始就遭受“千难万虐”，其中最困难的是没有可稳定遗传的不育水稻育种材料。其实美国、日本早已开展过杂交水稻研究，但都中途而罢。我们能够看到袁隆平先生的伟大创新和执着精神：被苏联学术权威否定，西方专家做了不成功，处在“文革”特殊时代，工作单位仅是个县农校，等等，俱是种种不可能。没读过名校、没出国留学的本科生袁隆平先生和他的中专学生们就是“不信邪”“偏向虎山行”，秉着以杂交水稻解决老百姓“饿肚子”难题、实现“吃饱饭”的执着信念研究杂交水稻。他们一开始在栽培稻、生产大田、杂交圃中不懈地寻找“不结谷的水稻”。千辛万苦找到之后，他们满怀希望地杂交选育，结果得到的种子都不是完全不育的，无法投入生产使用，经历了无数次的失败。有专家告诉我，当时大家天天弯腰在田里找，“眼睛都找瞎了”，当然这是“丧气话”。

1970年11月23日，三亚南红农场技术员冯克珊先生带领袁隆平先生的助手李必湖先生在农场水坑中发现了一株雄性不育野生稻，随后的辉煌大结局大家都知道了，“中国魔稻”造福了世界粮食安全。袁隆平、谢华安、颜龙安、李必湖、张先程……还有无数的杂交水稻人为粮食安全保障作出了无私奉献。大家可能会想：冯克珊先生这个海口农校毕业的农场技术员，普通得无法再普通的人，为什么知道那长得跟茅草一样的杂草就是野生稻？为什么知道那里有不结谷的野生稻？为什么跟袁隆平老师团队这么熟悉？读了这本书就能够找到正确答案！

我给学生讲述“南繁的历史与发展”课程时常常会问：如果没有发现“野败”水稻育种材料或者很晚才找到会怎么样？但历史不容假设。另外，“不结谷”的野生稻，不符合生命繁殖“天道”呢，大多数人想不通、想不到啊！我猜想：若干万年前，有陨石到访、强烈辐射等原因，造成南红农场这个水坑或者附近野生稻的一些种子受伤、基因突变，变异种子掉落到该水坑生根发芽。这株野生稻植株的花药“瘪了”，没有花粉，残存的一些花粉也是不育的“精子”，该植株雌性花柱无法实现正常受精，但这个植株一直一直“倔强”生长，顽强等待“贵人”发掘，助其完成生命繁殖“使命”。海南天然大温室啊，经常下雨，“野败”水稻植株就这么用“根系”繁殖紧紧拥抱这片神奇的热土。袁隆平、冯克珊、李必湖三位先生在该来的时候来了。自然的辩证法周期如此漫长，很多事情注定要“轮回”啊。

后来我与冯克珊先生交往更多了，还结识了冯克珊先生的儿子冯健敏，他一直从事南繁植物检疫工作，子承父业，跟冯克珊先生一样低调务实。去年我们在一起做设施西甜瓜品种和病害调研，我发现一到晚饭时间他就推辞，或者晚饭一结束就急着回家。我经常开玩笑说他怕老婆，他架不住我的热情挽留，终于告知我实情：“家里没有人老爸要发火，老妈植物人八年了。老爸经常念叨自幼父母过世，成家后是老妈和他一起共度了艰难岁月，养育我们三个儿女。我得回去帮着老爸做饭、喂饭，特别是每天要给老妈洗澡、翻身、按摩。老爸80岁了，一个人实在搞不动，还一直住在检疫站老房子里，不愿搬家。”至此，我才知道为什么冯克珊先生也不愿意到外边吃饭，推不掉时总是选择在友谊路小店里喝老爸茶聊天谈工作、吃鸡饭！各位读者，了解他们令人感动的心灵深处，给我带来极深的感触，我也经常反省，自己对父母亲做到了吗？我立志要把冯克珊先生的故事写出来，要让后人知道并了解古人所云“先生”的真正内涵！

这么多年过去了，杂交水稻成为中国科技自立自强的标杆，成就了无数人的事业，而冯克珊先生无法替代的重要贡献更应该被我们铭记。冯克珊先生有条件立于潮头，而我感受到冯克珊先生有大海般宽厚的胸怀！一直以来仍然选择普普通通、平平淡淡！我想说：他如大山般的父亲，在那里站着，一直到永远！

回顾历史　纪念“野败”

袁隆平题词：发现“野败”成就杂交水稻

曹　兵

2020年9月7日是个特别让人难忘的日子，正巧也是袁隆平先生的90岁生日，我和知名水稻专家、海南省农科院粮作研究所原所长孟卫东一起到湖南长沙，向袁隆平先生汇报“海南双季杂交水稻亩产3000斤超高产示范试验”项目准备情况。当时还处在新冠疫情期间，听说我们来了，尽管身体不适，袁隆平先生还是坚持同我们见面，为方便起见，临时将地点安排在他的家里。

回忆往昔、历历在目。我们一进家门，就看见袁隆平先生正在客厅躺在椅子上吸氧，旁边是个大氧气管。看到我们来了，袁隆平先生就起身招呼我们一起围坐在沙发上，叫老伴邓则老师快点过来见面泡茶，我们都戴着口罩，袁隆平先生让我们摘下来，还笑着说：“只要不怕，新冠就奈何不了我们。”一见面跟往常一样直奔工作，袁隆平先生的心中只有水稻，回想起来有：一是实施杂交水稻双季3000斤试验意义重大，粮食安全对我们这个耕地有限的人口大国得年年讲。新冠疫情肆虐造成国际粮食贸易停摆，不少国家缺衣少粮教训深刻。如果水稻双季亩产超过3000斤并大面积推广，一亩地粮食从养活5个人提高到10个人，则可以腾出耕地搞经济作物。二是过去湖南杂交水稻研究中心和海南省农科院联合在三亚、澄迈等多地成功实现超级稻亩产800公斤、900公斤攻关目标，大家有条件和能力再次创造纪录。袁隆平先生还深情回顾2018年4月12日下午习近平总书记在国家南繁科研育种基地视察"超优千号"超级杂交水稻展示田时的殷切嘱托，选育更高产量超级杂交水稻确保国家粮食安全。袁隆平先生充满激情地要求我们：明年是党的百年诞辰，实现双季亩产3000斤作为献礼！

大家讨论交流了一个多小时还意犹未尽，直到保姆阿姨示意我们不能再谈了、不能再激动了。我立刻起身说不能再打扰袁隆平先生休息。袁隆平先生一听当即就交代在旁边的孩子袁定阳博士请我们吃饭。我突然想起来应该请袁隆平先生写几个字，于是取出来一个非常普通的笔记本。袁隆平先生笑着说："看来你又是有备而来，又让我签名建议书？这次是呼吁什么事情啊？"我说："这次不是给领导提建议，想请您题写'南繁育种，发现"野败"，成就杂交水稻'作为恒久纪念。"袁隆平先生说："好！"他边写边说："三亚是育种家的天堂！三亚南红农场技术员冯克珊领着我们发现了'野败'水稻立了大功！"他还说："'野败'是特殊专业名词，加上双引号才对！"我以为完成了题词，这时袁隆平先生停留了一分钟，又挥笔

2020年9月7日，袁隆平先生题词

补充上：“我热爱南繁、热爱三亚。”袁隆平先生自言自语：“三亚也是我的家乡，有任何机会我都愿意多美言几句！”

“南繁育种，发现‘野败’，成就杂交水稻，我热爱南繁、热爱三亚。”这是袁隆平先生对冯克珊先生最好的褒奖！这是袁隆平先生对南繁事业最大的支持！这是袁隆平先生对热土三亚最深情的告白！

2021年5月22日，袁隆平先生因病离开了人世，无数的人们都在悲伤怀念之中，久久不愿相信！不少领导、专家、朋友打我电话了解情况，《海南日报》主编曾多次来电我都没有接，我又能够说什么呢！我流着眼泪，无法言语，我把袁隆平先生的题词通过微信转发给了记者张杰并附言：袁先生对海南的爱都写在这里了！

2021年5月31日，海南省委主要领导找我为海南省崖州湾种子实验室（现更名为海南省种业实验室）筹备提建议，我带上袁隆平

曹兵捐赠袁隆平题词现场

先生的题词，表示愿意捐赠出来。领导拿着题词指示：太珍贵了、太有意义了，应该存放在海南省档案馆。2022 年 5 月 22 日，袁隆平先生逝世一周年纪念会暨袁隆平先生铜像落成揭幕仪式在三亚水稻国家公园隆重举行，三亚市特别邀请我参加活动，我主动将袁隆平先生的题词捐赠给了三亚市人民政府并发言：这份重要的题词不是写给我的，是袁隆平先生特意留下，写给南繁基地、三亚人民的。回忆并永远感激袁隆平先生和杂交水稻为世界和中国粮食安全作出的不朽功勋，始终铭记海南南繁基地和三亚人民的默默奉献，更应该了解“野败”水稻的生长地三亚南红农场和发现者冯克珊的巨大贡献。

2008 年《光明日报》采访报道袁隆平先生南繁 40 周年，袁隆平先生委托我撰写采访大纲，我专门写道：“全世界的杂交水稻都流淌着三亚南红农场野生稻母亲的血液！”慎重起见，我请示袁隆平先生能否发表。袁隆平先生在稿件上写下：同意，可发表。

我早已尊称冯克珊为老师、先生，故而用心写下以上文字，回顾我亲身经历的杂交水稻的部分重要历史。

建设三亚水稻国家公园袁隆平铜像的由来

柯用春*

2020年9月，中国"杂交水稻之父"袁隆平曾亲笔写下这样一句话：南繁育种，发现"野败"，成就杂交水稻，我热爱南繁、热爱三亚。

2021年5月22日，袁隆平在湖南长沙逝世，享年91岁。他的离世不仅让全国人民深感悲痛，也让与他有着深厚渊源的海南三亚陷入了无尽的哀思。

海南省委、省政府，三亚市委、市政府为了纪念袁隆平对国家和对海南当地的贡献，弘扬袁隆平勇攀科技高峰的精神，以及他胸怀国家、胸怀人民的情怀，铸造了袁隆平先生的铜像。铜像的策划和建设由三亚市农业农村局牵头，加之有关部门单位的大力支持，特别是三亚市海棠湾水稻国家公园开发有限公司为此提供了宝贵的建设用地，给予了非常大的支持。2022年5月22日，袁隆平先生铜像落成揭幕仪式在三亚水稻国家公园袁隆平纪念园举行。

*三亚市农业农村局党组书记、局长。

袁隆平先生铜像

水稻国家公园内原有袁隆平水稻科研基地和南繁水稻科普文化长廊，将袁隆平铜像坐落于此，能更好地宣传袁隆平科学精神、南繁精神，宣传三亚在南繁育种中的贡献，以及对海内外游客特别是中小学生进行科普教育，追忆和感谢袁隆平先生为世界粮食生产作出的巨大贡献，传承弘扬他朴素务实、深耕大地的劳动精神。

袁隆平与三亚的情缘，始于半个世纪前，他的足迹遍布这片热土，为三亚乃至全国的农业发展作出了不可磨灭的贡献。

1970年7月，袁隆平带领团队，从湖南历尽艰辛，来到三亚南红农场。从此，他与三亚结下了不解之缘。三亚独特的气候条件为杂交水稻的育种研究提供了得天独厚的环境。在南红农场，冯克珊和李必湖在袁隆平的理论思想指导下发现的"野败"，为水稻雄性不育系的选育、三系杂交水稻的研究成功打开了突破口，从此，中国杂交水稻事业开启了崭新篇章。袁隆平充分利用这里的自然资源，潜心研究，使三亚逐步形成了中国杂交水稻南繁研究的核心基地。

在三亚，袁隆平先后选育出数十个杂交水稻品种，其中有多个品种被全国大面积推广。这些品种以高产量、品质好著称于世，为解决中国人的吃饭问题作出了巨大贡献。袁隆平曾说：“杂交水稻的成功，一半的功劳应该归于南繁。”他对三亚南繁基地这片土地充满了感激之情。

除了杂交水稻的研究，袁隆平还在三亚开展了耐盐碱水稻的技术攻关。他提出将国家耐盐碱水稻技术创新中心总部设在三亚，致力于实现种业前沿技术的突破。2022年3月16日，国家耐盐碱水稻技术创新中心在三亚挂牌成立，这是我国农业领域首批启动建设的国家级技术创新中心之一。该中心的成立，为推动提升我国粮食科技创新和盐碱地生态修复能力提供了有力支撑。

袁隆平对三亚的贡献不仅体现在农业科研领域，他还积极参与三亚的社会事业，为三亚的经济发展和社会进步献计献策。他常说：“我是三亚市荣誉市民，三亚城市宣传语英文是我取的。”①这份深厚的情感，让他与三亚人民心心相印。

袁隆平的一生，是与农业科研事业紧密相连的一生。他在三亚的田间地头，用心血和汗水浇灌着这片希望的田野。虽然他已经离我们而去，但他的精神和事业在三亚这片热土上继续发扬光大。三亚人民将永远铭记他的功绩和贡献，继续弘扬他的科学精神和南繁精神。

① 三亚英文城市名片“Forever Tropical Paradise—Sanya”（永远的热带天堂——三亚）。

在南红农场建设“中国杂交水稻发源地”由来

柯用春

在育种界，说起杂交水稻，许多人都知道“世界杂交水稻看中国”。这是因为在袁隆平院士的带领下，我国杂交水稻研究团队不断创新，在杂交水稻研究方面取得突破性进展。1973年，袁隆平院士牵头研究的籼型杂交水稻成功实现“三系”配套。随后，经过不懈努力，“两系法”获得成功，保证了我国在杂交水稻研究领域的世界领先地位。

事实上，袁隆平院士成功培育杂交水稻，其中起关键作用的就是在三亚发现的一株雄性不育野生稻。袁隆平院士将其命名为“野败”，并利用“野败”的基因，培育出杂交水稻体系。

此前，袁隆平院士在试验田里发现一株不一样的天然杂交水稻后，意识到存在野生雄性不育株。但袁隆平院士及其团队在湖南等地一直找不到野生雄性不育株。1970年11月23日，当时三亚南红农场技术员冯克珊和袁隆平院士的助手李必湖在农场一片沼泽地的水坑里发现了一株雄性不育野生稻。这就是“野败”。

“野败”的发现对杂交水稻研究具有里程碑的意义。它是杂交水稻“三系”配套成功的突破口，使得袁隆平院士及其团队能够成功选育出水稻雄性不育系，从而推动了三系杂交水稻的研究和应用。

3年后，籼型杂交水稻“三系”配套的成功，开启了水稻生产的“第二次绿色革命”。“如果没有野生稻资源，要在水稻优良品种培育上有很大的突破是很难的。”袁隆平院士曾在多个场合接受记者采访时如是表示。

但是海南野生稻，这种战略性的资源物种，今天正处于岌岌可危的境地。保护稀有的海南野生稻迫在眉睫。

三亚市委、市政府历来很重视粮食安全工程，早在2012年三亚

柯用春与袁隆平院士在稻田边交谈

市人民政府就专题研究过要建设中国杂交水稻发源地纪念园。当时我任三亚市南繁科学技术研究院副院长，我院长期在三亚南红农场开展水稻品种示范工作，比较了解杂交水稻的情况。为尽快建成中国杂交水稻发源地纪念园，恢复种植多种珍稀野生稻、不同时代常规稻、杂交水稻、超级稻，我们设法联系了湖南杂交水稻研究中心，并亲自向袁隆平院士汇报了三亚市的想法。袁隆平院士听完汇报很高兴，就派他的助手和我们共同谋划"中国杂交水稻发源地"项目，并聘请了冯克珊老师作为顾问。

考虑到南红农场的野生稻改写了世界水稻育种史，我们决定将"中国杂交水稻发源地"项目落户于当年发现野生稻雄性不育株的三亚南红农场，即现在的三亚市热带农业科学研究院妙林基地。

为恢复"野败"发现地的原貌和野生稻的种植，保护海南野生稻资源，宣传"野败"发现地在全球水稻发展史中里程碑式的重要地位，展现"野败"发现地的科学价值和文物价值，2013年三亚市南繁院、三亚中国杂交水稻发源地保护研究中心在"野败"发现地恢复野生稻的种植，种植最新超级水稻，充分展现中国丰富的野生稻资源，推动杂交水稻科学技术研究。当年，

妙林基地的"矮脚南特"水稻示范田

收集野生稻品种16个，栽培了从20世纪50年代到当前超级稻“Y两优900”等各个时期主栽品种。2014年4月15日，袁隆平院士亲自到南红农场（妙林基地）中国杂交水稻发源地水稻试验田指导工作。

“中国杂交水稻发源地”就这样建成了。

超级稻“Y两优900”

“野生稻雄性不育株”发现地纪念石在三亚落成

柯用春

1970年11月23日，南红农场技术员冯克珊和袁隆平院士的助手李必湖在三亚市南红农场发现一株花粉败育的野生稻，袁隆平院士将其命名为“野败”。“野生稻雄性不育株”发现地是我国农业科研领域的一个重要地标，为更好地铭记这一重要地点，三亚市农业农村局组织湖南杂交水稻研究中心、海南大学南繁学院（三亚南繁研究院）、海南省南繁协会、三亚市热带农业科学研究院等单位相关人员策划在三亚市南红农场落成“野生稻雄性不育株”发现地纪念石。

在选址上，我们充分征求了“野败”发现者之一冯克珊老师的意见。冯克珊老师亲自带着我们找到“野败”发现地点，位于天涯区凤凰路与林家路交叉路口往南约100米处（N:18°17′24.4″ E:109°28′27.5″），当即定好纪念石落成位置。

在纪念石上，刻有袁隆平院士2020年给海南大学副校长曹兵的题词：“发现‘野败’，成就杂交水稻。”纪念石不仅用于展示杂交水稻的发展历程，还见证了三亚市和三亚农业人对中国杂交水稻作出的贡献。

2024年5月22日，在袁隆平院士逝世三周年之际，三亚市农业农村局在“野生稻雄性不育株”发现地举行纪念石落成仪式，来自南繁科研院所等单位的社会各界人士参加，三亚市人民政府领导、冯克珊老师都冒雨前来参加。

“野生稻雄性不育株”发现地见证了我国农业科技工作者们的不懈努力和辉煌成就。在“野生稻雄性不育株”发现地竖立纪念石，是为勉励科技工作者要弘扬袁隆平等老一辈科技工作者的精神，育出高产抗逆的良种，打好种业翻身仗，助力“南繁硅谷”建设。

2024年5月22日，柯用春、张磊、冯克珊、曹兵（从左至右）在“野败”发现地合影

附 录

冯克珊大事年表

1943年12月，出生于琼海朝阳乡仙坡村。

1960年，考入广东省海口农业学校，就读作物栽培专业。

1963年7月，农校毕业，分配到海南黎族苗族自治州农科所（良种场）担任技术员。

1964年2—5月，到崖城良种场向广东省农业科学院粮食作物系的黄耀祥团队学习水稻育种。

1967年，自治州良种场与南红良种繁育场合并，任副场长，为助理农艺师。

1970年11月23日，与李必湖在南红农场发现“野败”水稻。

1984年8月，加入中国共产党。

1986年8月，调任三亚植物检疫站副站长。

1987年，晋升为农艺师。

1993年，晋升为高级农艺师，被国务院批准为享受政府特殊津贴专家。

2004年，荣获第三届袁隆平农业科技奖。

重要图片、信稿

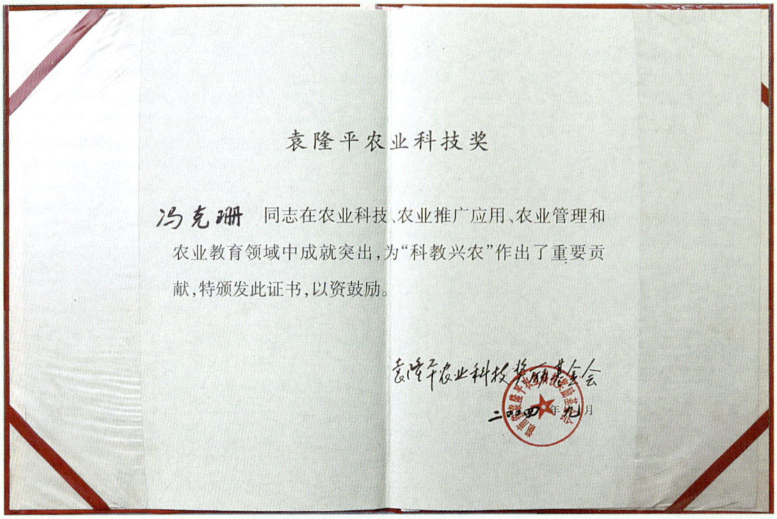

◆◆2004年，冯克珊获袁隆平农业科技奖证书

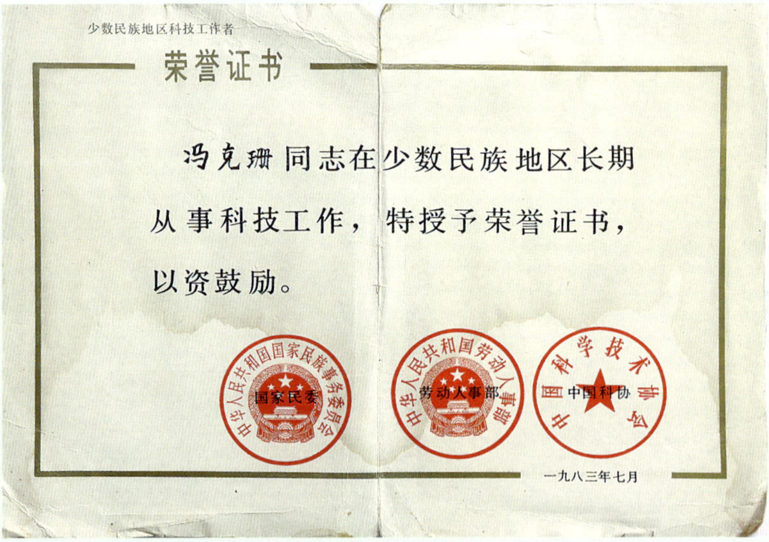

◆◆1983年，冯克珊获少数民族地区科技工作者荣誉证书

荣誉证书

冯克珊同志，长期坚持农牧渔业技术推广工作，做出了成绩，特发此证，以资鼓励。

中华人民共和国农业部

农牧渔业荣誉证书(8830)[illegible]120号　一九八九年一月卅日

◆◆1989年，冯克珊获国家农牧渔业荣誉证书

附录

证　书

冯克珊同志：

为了表彰您为发展我国农业技术事业做出的突出贡献，特决定从九三年十月起发给政府特殊津贴并颁发证书。

国务院

政府特殊津贴第(93)9460070号　一九九三年十月一日

◆◆1993年，冯克珊获国务院政府特殊津贴证书

发明证书

A 00089

为了表彰在科学技术现代化方面作出重大贡献的发明者，特颁发此证书，以资鼓励。

发明项目：籼型杂交水稻

发 明 者：全国杂交水稻协作组袁隆平等

奖励等级：特等

奖章号码：0002

中华人民共和国
国家科学技术委员会主任 方毅

一九八一年六月

野败的发现为杂交水稻研究成功打开了突破口，冯克珊同志是
野败的发现者之一，因此他对杂交水稻的发展具有重大贡献。
袁隆平 93.5.29.

◆◆1993年5月29日，袁隆平赠冯克珊1981年“籼型杂交水稻”发明证书影印版留念

◆◆1990年1月21日，冯克珊（中）于师部农场玉米地

◆◆1991年3月23日，冯克珊（右）在水稻制种田

◆◆2024年5月22日，冯克珊与袁隆平先生铜像合影

◆◆2024年5月22日，"野败"发现地纪念石落成，冯克珊接受记者采访

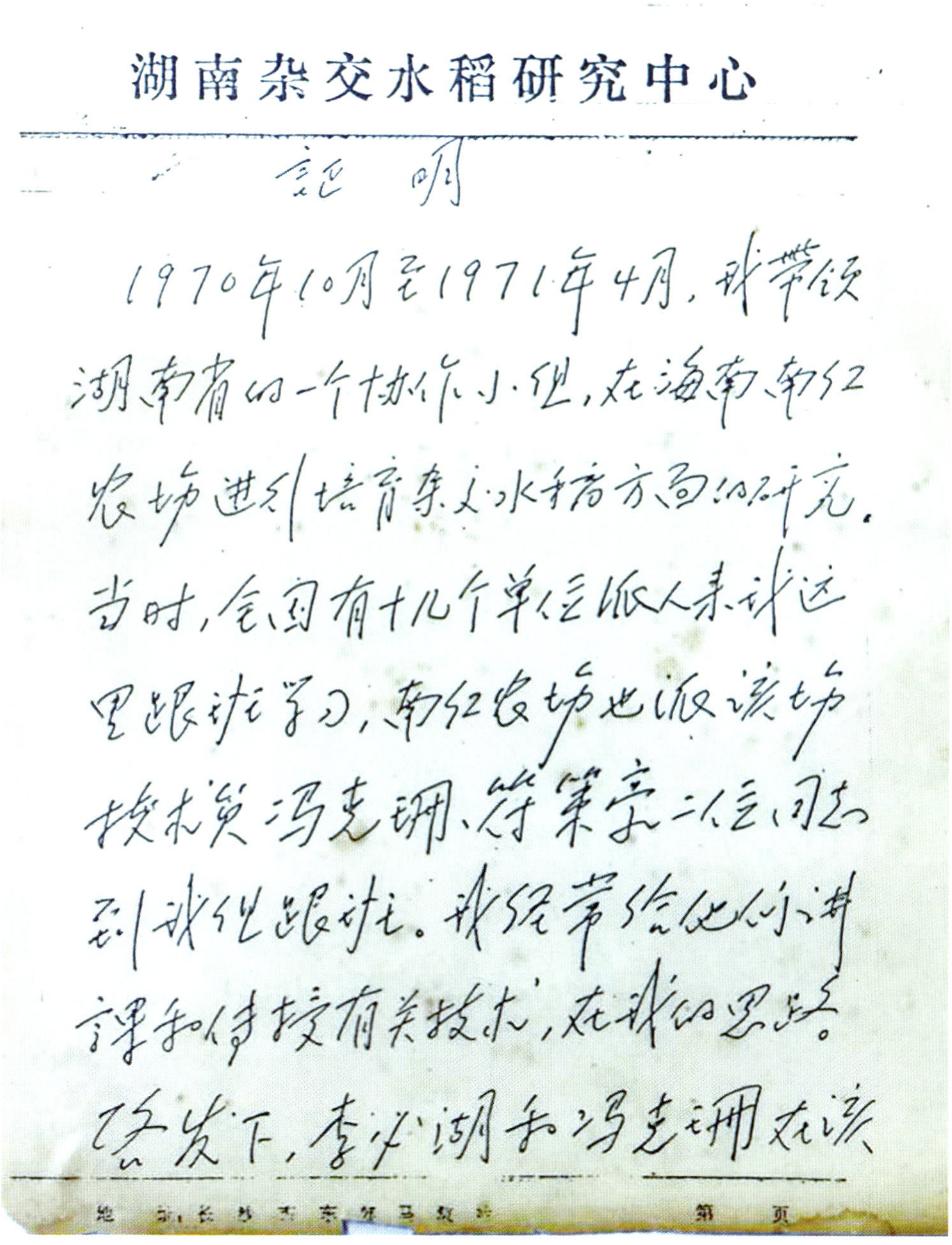

湖南杂交水稻研究中心

證明

1970年10月至1971年4月，我带领湖南省的一个协作小组，在海南南红农场进行培育杂交水稻方面的研究。当时，全国有十几个单位派人来我这里跟班学习，南红农场也派该场技术员冯克珊、符策亮二位同志到我组跟班。我经常给他们讲课和传授有关技术，在我的思路启发下，李必湖和冯克珊在该

1992年3月1日，袁隆平手书“野败”发现者证明（一）

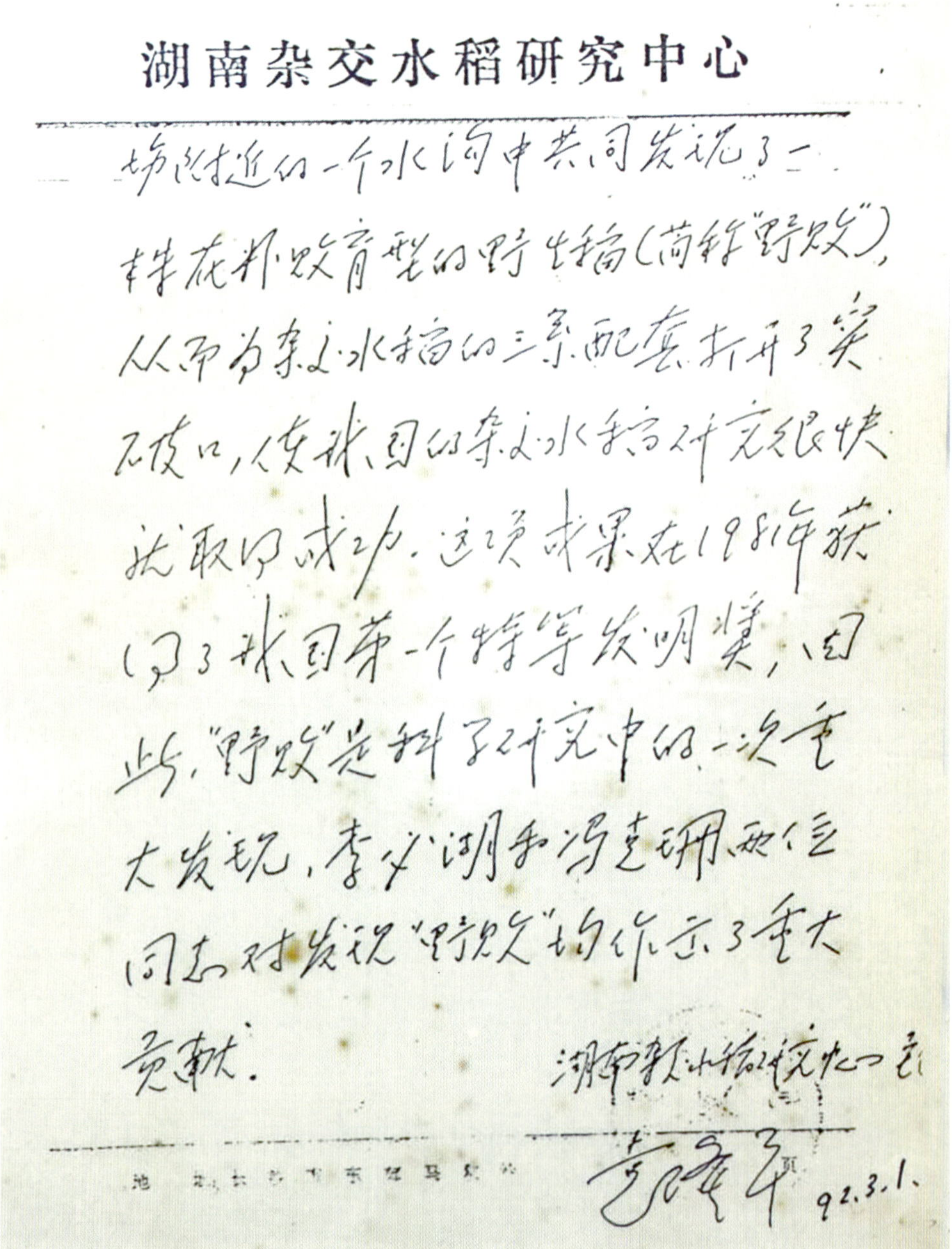
湖南杂交水稻研究中心

场附近的一个水沟中共同发现了一
株花粉败育型的野生稻（简称"野败"），
从而为杂交水稻的三系配套打开了突
破口，使我国的杂交水稻研究很快
就取得了成功。这项成果在1981年获
得了我国第一个特等发明奖。因
此，"野败"是科学研究中的一次重
大发现，李必湖和冯克珊两位
同志对发现"野败"均作出了重大
贡献。

湖南杂交水稻研究中心
袁隆平
92.3.1.

◆◆1992年3月1日，袁隆平手书"野败"发现者证明（二）

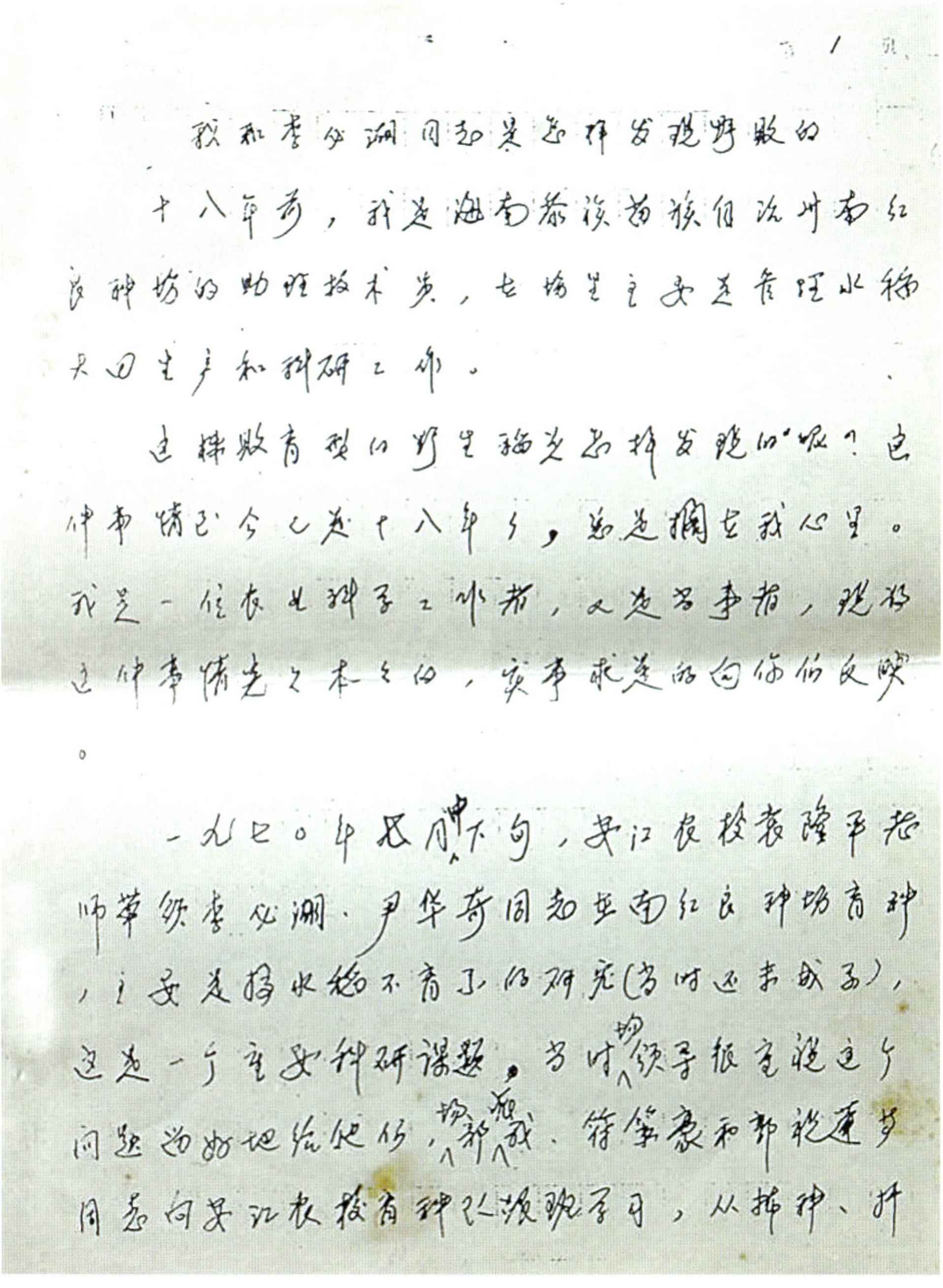

第 1 页

我和李必湖同志是怎样发现野败的

十八年前，我是海南崖县南繁站所在的南红良种场的助理技术员，在场里主要是管理水稻大田生产和科研工作。

这株野败育种的野生稻是怎样发现的呢？这件事情至今已是十八年了，总是铭在我心里。我是一位农业科学工作者，又是当事者，现将这件事情原原本本的，实事求是的向你们反映。

一九七〇年农历十月中下旬，安江农校袁隆平老师带领李必湖、尹华奇同志在南红良种场育种，主要是搞水稻不育系的研究（当时还未成功），这是一个重要科研课题，当时场领导很重视这个问题，当好地给他们，场部派我、符策豪和郭秋莲等同志向安江农校育种队请教学习，从播种、扦

◆◆冯克珊1988年交给作家谭士珍的《我和李必湖同志是怎样发现野败的》手稿（一）

附录

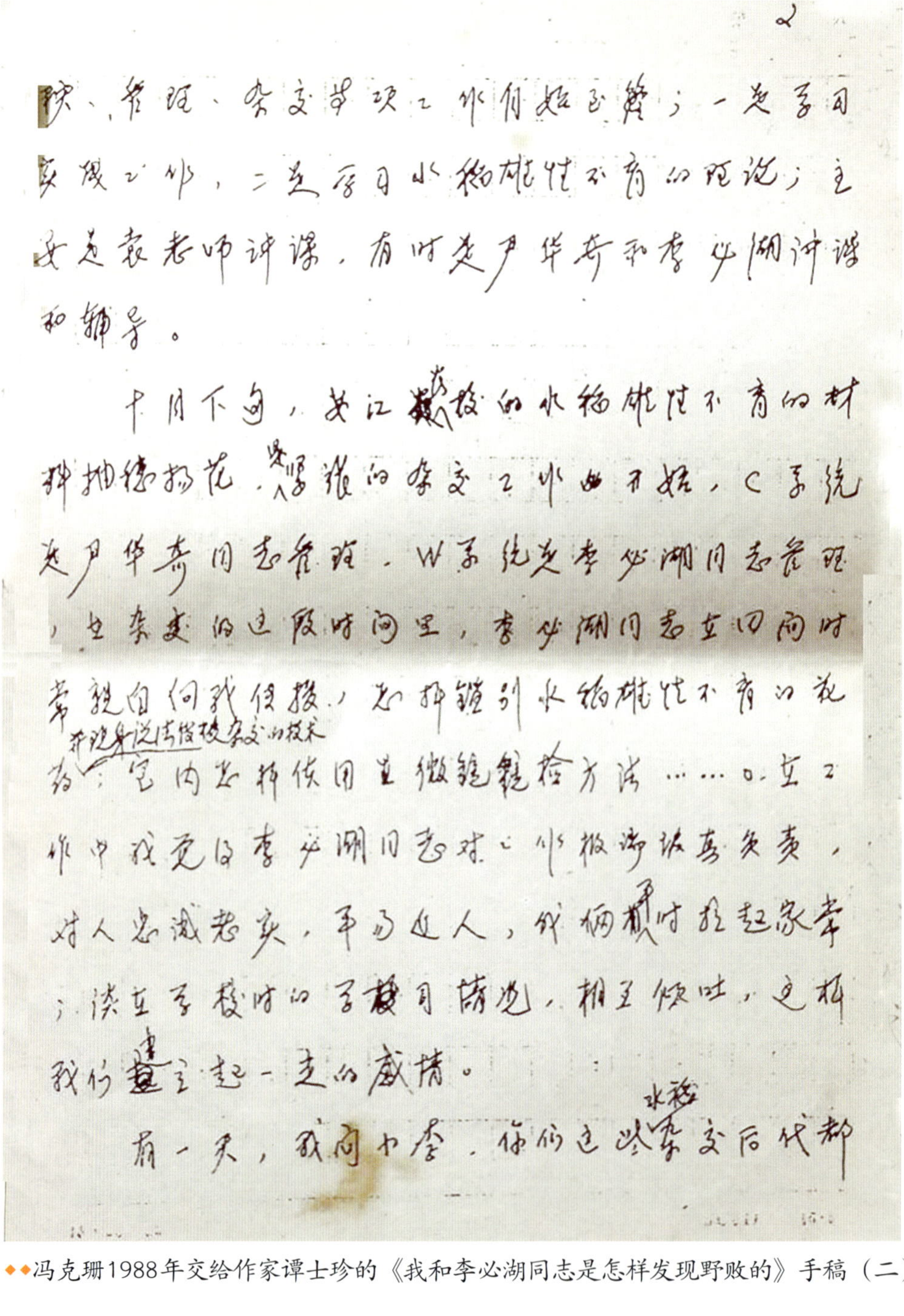

2

技、管理、杂交等项工作作好记载；一是学习实践工作，二是学习水稻雄性不育的理论；主要是袁老师讲课，有时是尹华奇和李必湖讲课和辅导。

十月下旬，安江农校的水稻雄性不育的材料抽穗扬花，各学组的杂交工作也不错，C系统是尹华奇同志管理，W系统是李必湖同志管理，在杂交的这段时间里，李必湖同志空闲时常热情地向我传授，怎样鉴别水稻雄性不育的花药（并毫无保留传授杂交的技术）；它们怎样使用显微镜镜检方法……。在工作中我觉得李必湖同志对工作极端认真负责，对人忠诚老实，平易近人，我俩时常谈起家常；谈在学校时的学习情况，相互倾吐，这样我们建立起一定的感情。

有一天，我问小李，你们这些水稻杂交后代都

◆◆冯克珊1988年交给作家谭士珍的《我和李必湖同志是怎样发现野败的》手稿（二）

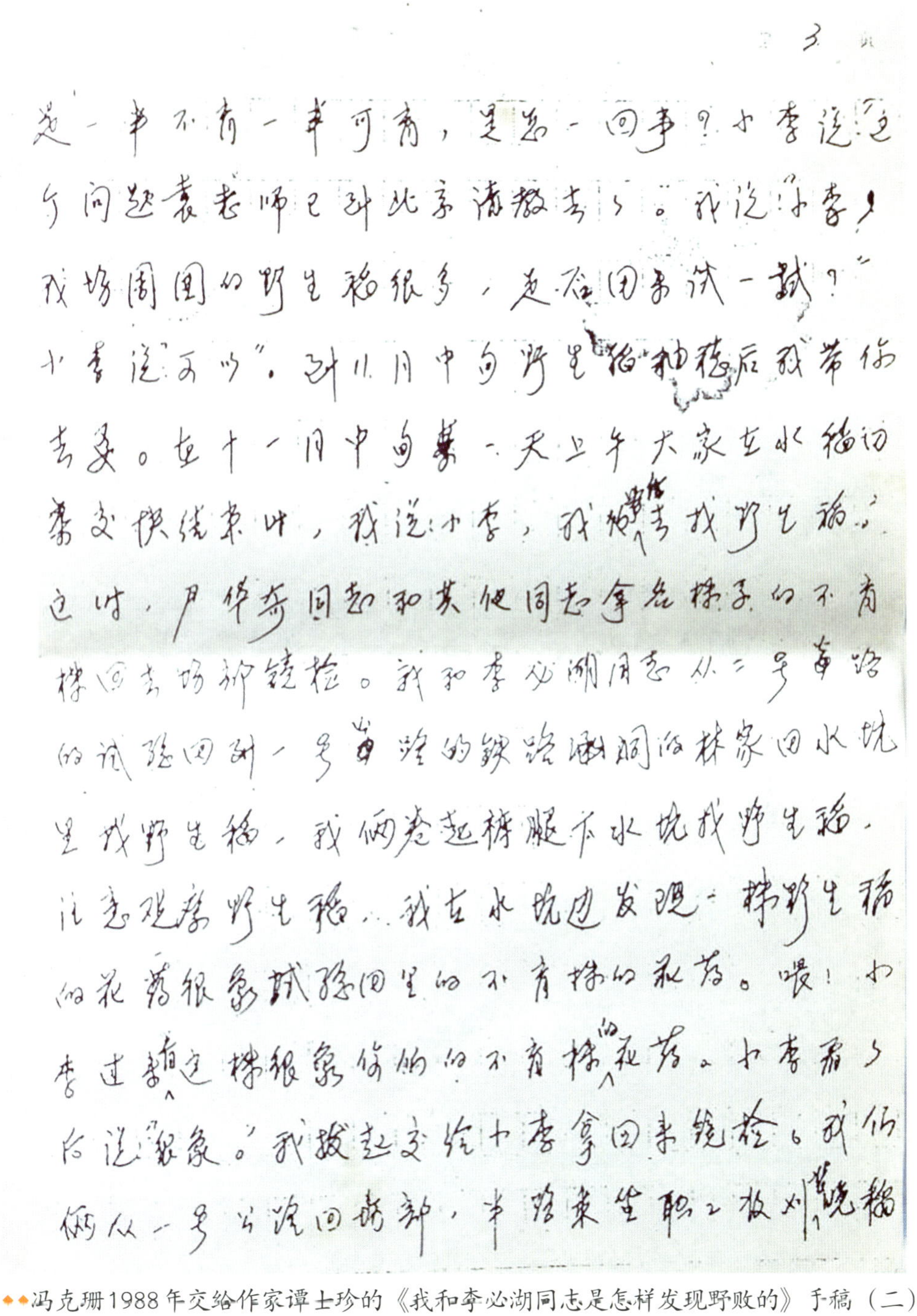

冯克珊1988年交给作家谭士珍的《我和李必湖同志是怎样发现野败的》手稿（二）

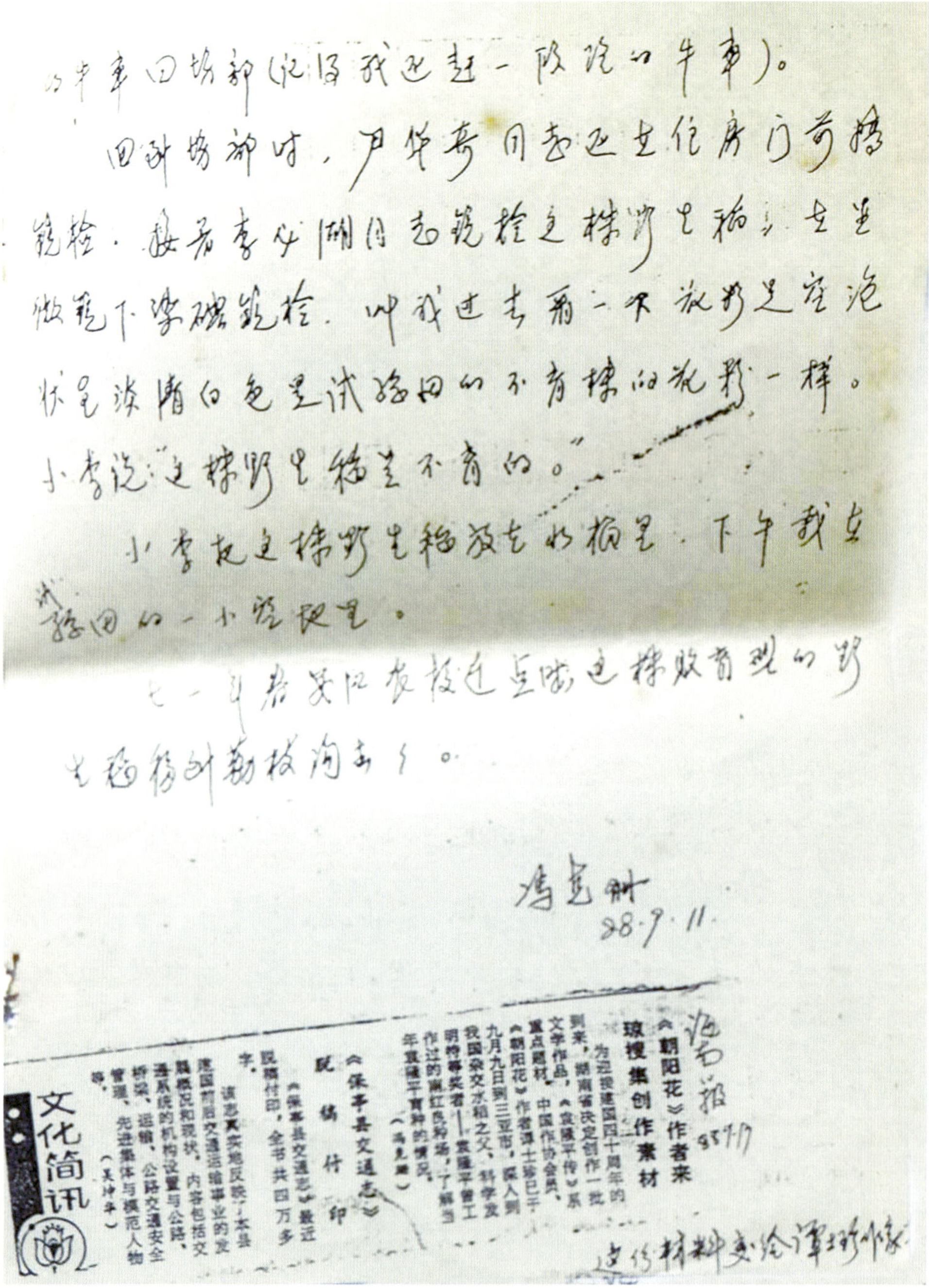

的牛车回场部(记得我还赶一段路的牛车)。

回到场部时，尹华奇同志还在住房门前搞锻炼。接着李必湖同志就拾这株野生稻出来，当还做完一下深呼吸锻炼，叫我过去看一下花药是空泡状呈淡黄白色是试验田的不育株的花药一样。小李说：“这株野生稻是不育的。”

小李就把这株野生稻放在水桶里，下午我去试验田的一小坪地里。

七一年春我们从农校这边把这株败育野的野生稻移到新校沟去了。

冯克珊
88.9.11

文化简讯

《朝阳花》作者来琼搜集创作素材

为迎接建国四十周年的到来，湖南省决定创作一批文学作品，《袁隆平传》系重点题材。中国作协会员、《朝阳花》作者谭士珍于九月九日到三亚市，深入到我国杂交水稻之父、科学家袁隆平曾工作过的南红良种场，了解当年袁隆平育种的情况。（冯克珊）

《保亭县交通志》脱稿付印

《保亭县交通志》最近脱稿付印，全书共四万多字。该志真实地反映了本县建国前后交通运输事业的发展概况和现状，内容包括交通系统的机构设置与公路、桥梁、运输、公路交通安全管理、先进集体与模范人物等。（关冲平）

海南日报 88.9.17

这份材料交给谭士珍作家

◆◆冯克珊1988年交给作家谭士珍的《我和李必湖同志是怎样发现野败的》手稿（四）

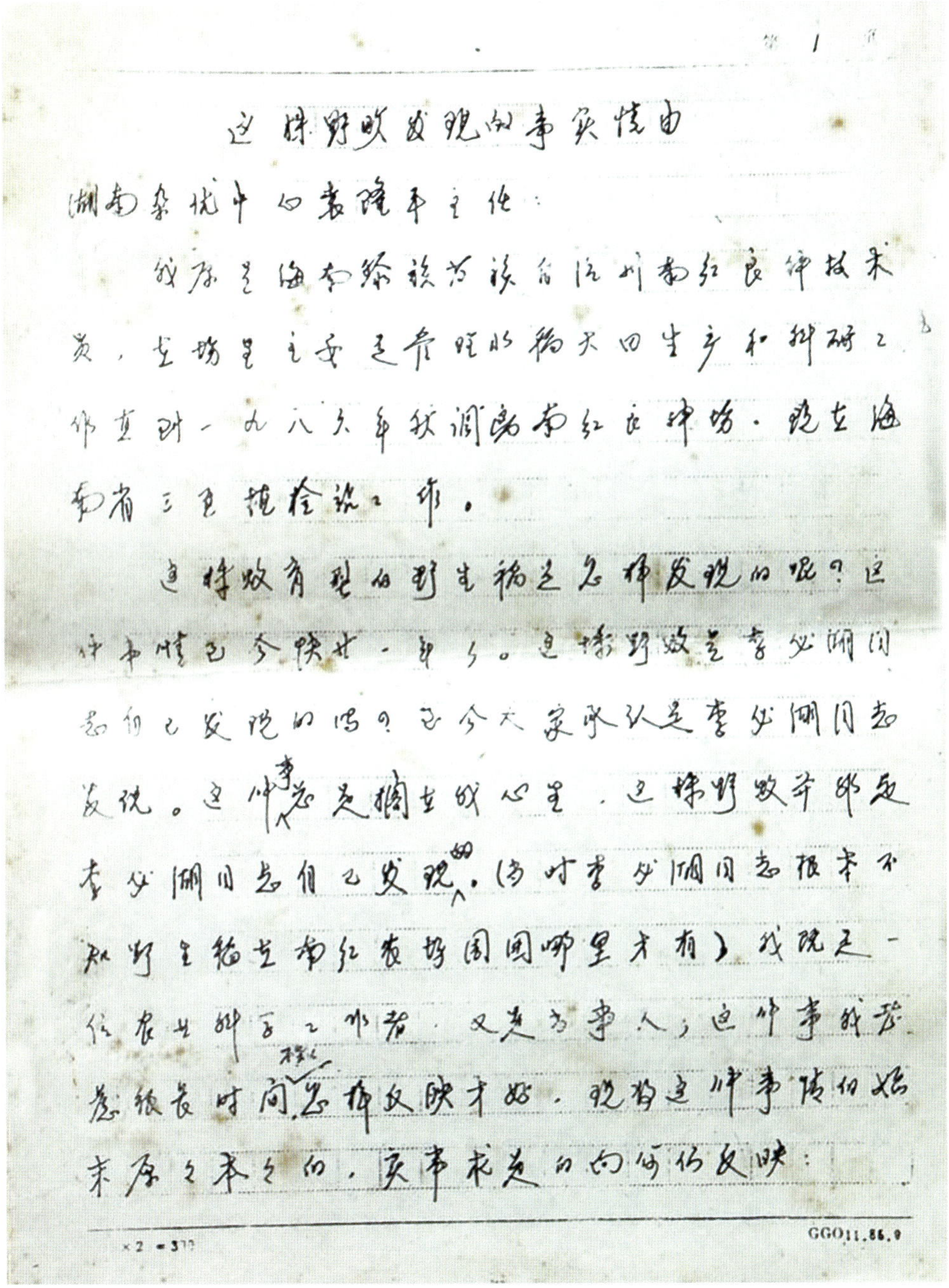

第 1 页

这株野败发现的事实情由

湖南杂优中心袁隆平主任：

我原是海南黎族苗族自治州南红良种场技术员，在场里主要是负责水稻大田生产和科研工作，直到一九八六年秋调离南红良种场，现在海南省三亚植检站工作。

这株败育型的野生稻是怎样发现的呢？这件事情至今快廿一年了。这株野败是李必湖同志们自己发现的吗？至今大家承认是李必湖同志发现。这件事总是搁在我心里，这株野败并非是李必湖同志自己发现的。（当时李必湖同志根本不知野生稻在南红农场园田哪里才有）我既是一位农业科学工作者，又是当事人，这件事我考虑很长时间，考虑怎样反映才好，现将这件事情的始末原原本本的、实事求是的向你们反映：

×2 =370　　GGO11.86.9

冯克珊1991年写给袁隆平的《这株野败发现的事实情由》（一）

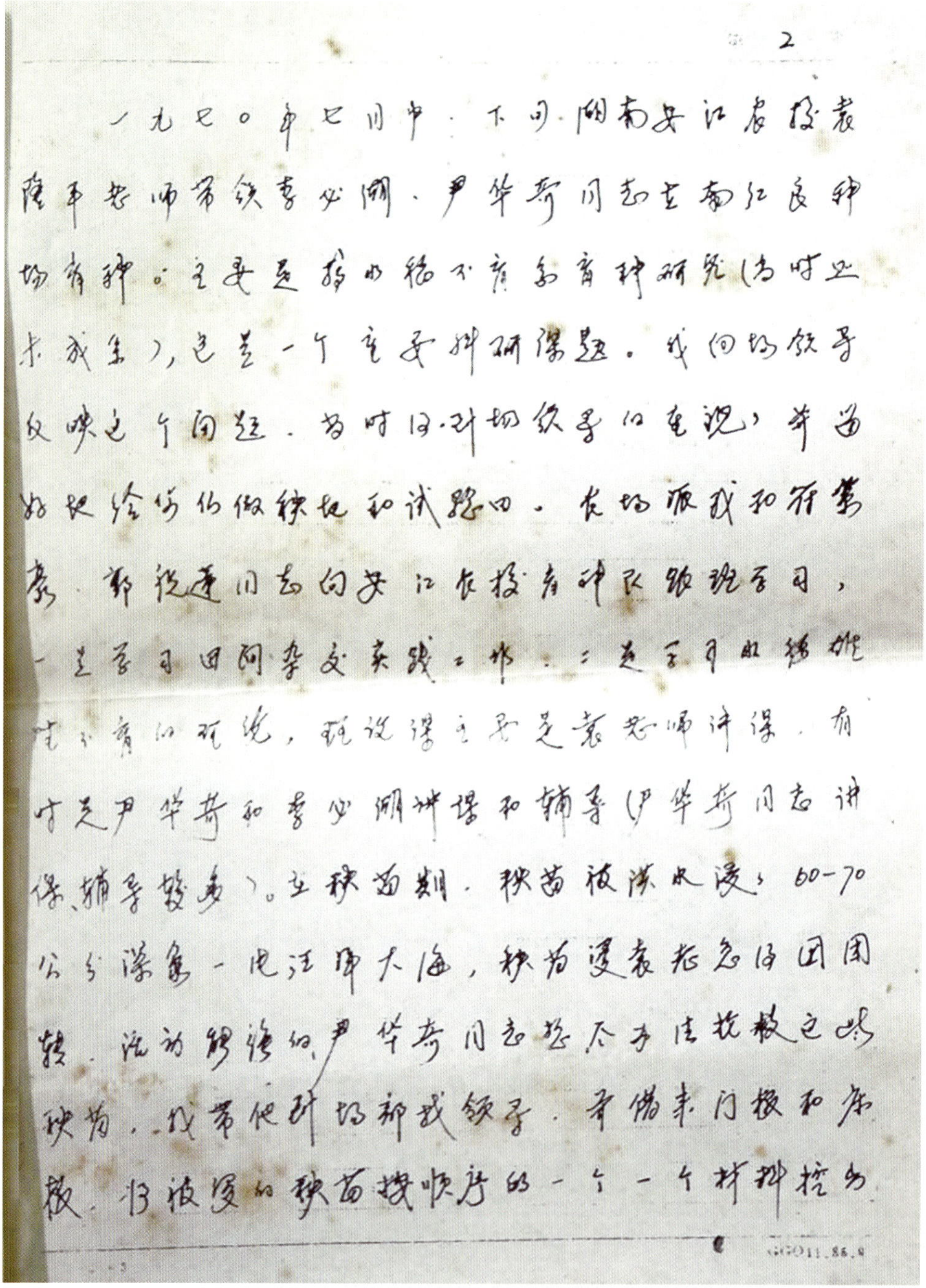

2

一九七〇年七月中，南红、湖南安江农校袁隆平老师带领李必湖、尹华奇同志去南红良种场育种。主要是搞水稻不育系育种研究（当时还未成系），这是一个重要科研课题。我向场领导反映这个问题，当时南红场领导们重视，并留好地给他们做秧田和试验田。农场派我和符業豪、郑德建同志向安江农校育种队跟班学习，一是学习田间杂交实践工作，二是学习水稻雄性不育的研究，理论课主要是袁老师讲课，有时是尹华奇和李必湖讲课和辅导（尹华奇同志讲课、辅导较多）。在秧苗期，秧苗被洪水浸，60-70公分深象一片汪洋大海，秧苗浸在水急得团团转，活动解答的，尹华奇同志想不出办法救这些秧苗，我带他到场部找领导，准备来门板和床板，将被浸的秧苗按顺序的一个一个样排摆出

◆◆冯克珊1991年写给袁隆平的《这株野败发现的事实情由》（二）

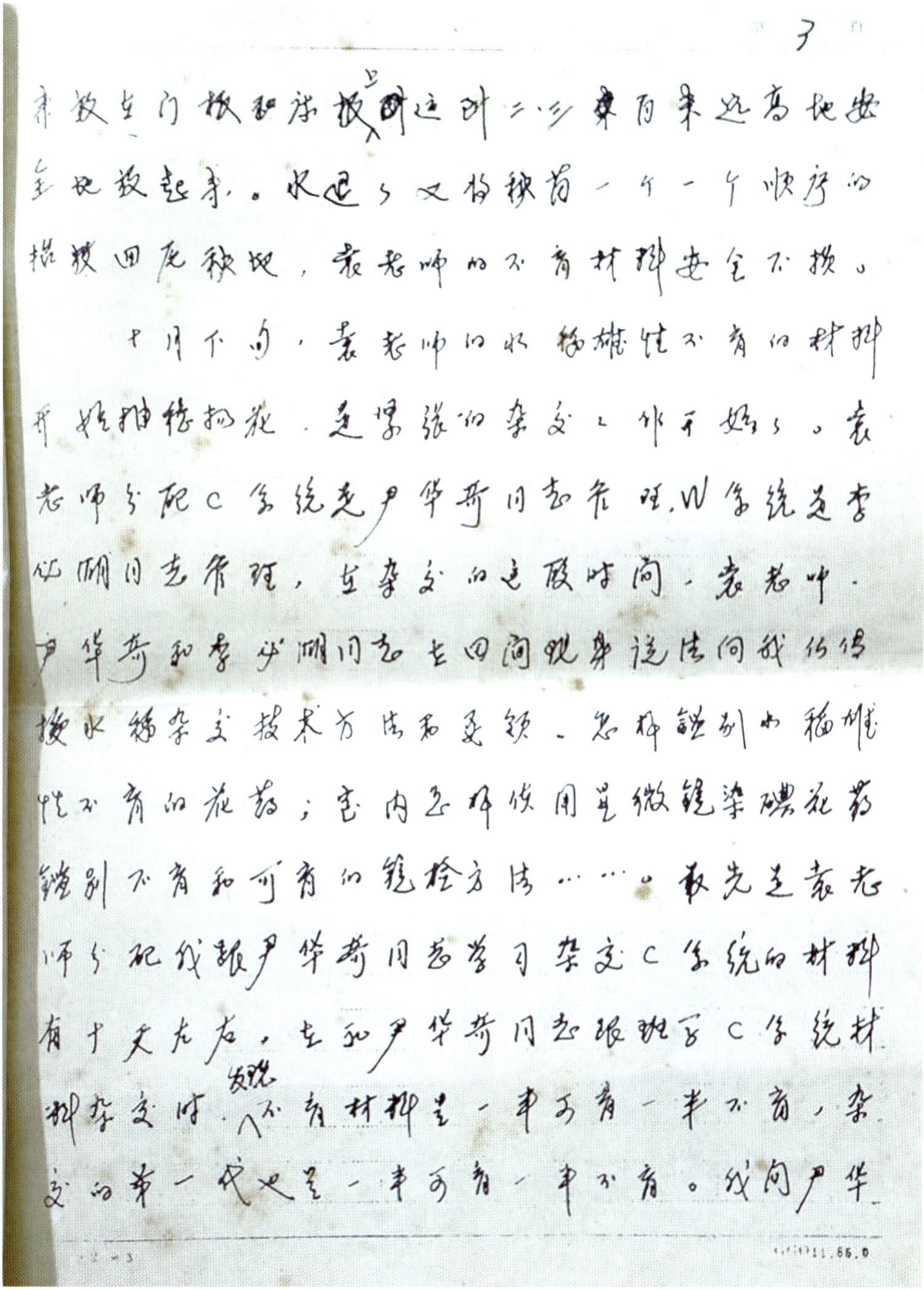

3

来救出门板和床板上的这时二、三株百米远高地安全地救起来。水退了，又将秧苗一个一个顺序的插栽回原秧地，袁老师的不育材料安全不损。

十月下旬，袁老师的水稻雄性不育的材料开始抽穗扬花，这紧张的杂交工作开始了。袁老师分配C系统是尹华奇同志管理，D系统是李必湖同志管理，在杂交的这段时间，袁老师、尹华奇和李必湖同志在田间现身说法向我们传授水稻杂交技术方法和要领：怎样鉴别水稻雄性不育的花药；室内怎样使用显微镜染碘花药鉴别不育和可育的镜检方法……。最先是袁老师分配我跟尹华奇同志学习杂交C系统的材料有十天左右。在和尹华奇同志跟班C系统材料杂交时，发现不育材料是一半可育一半不育，杂交的第一代也是一半可育一半不育。我向尹华

◆◆冯克珊1991年写给袁隆平的《这株野败发现的事实情由》（三）

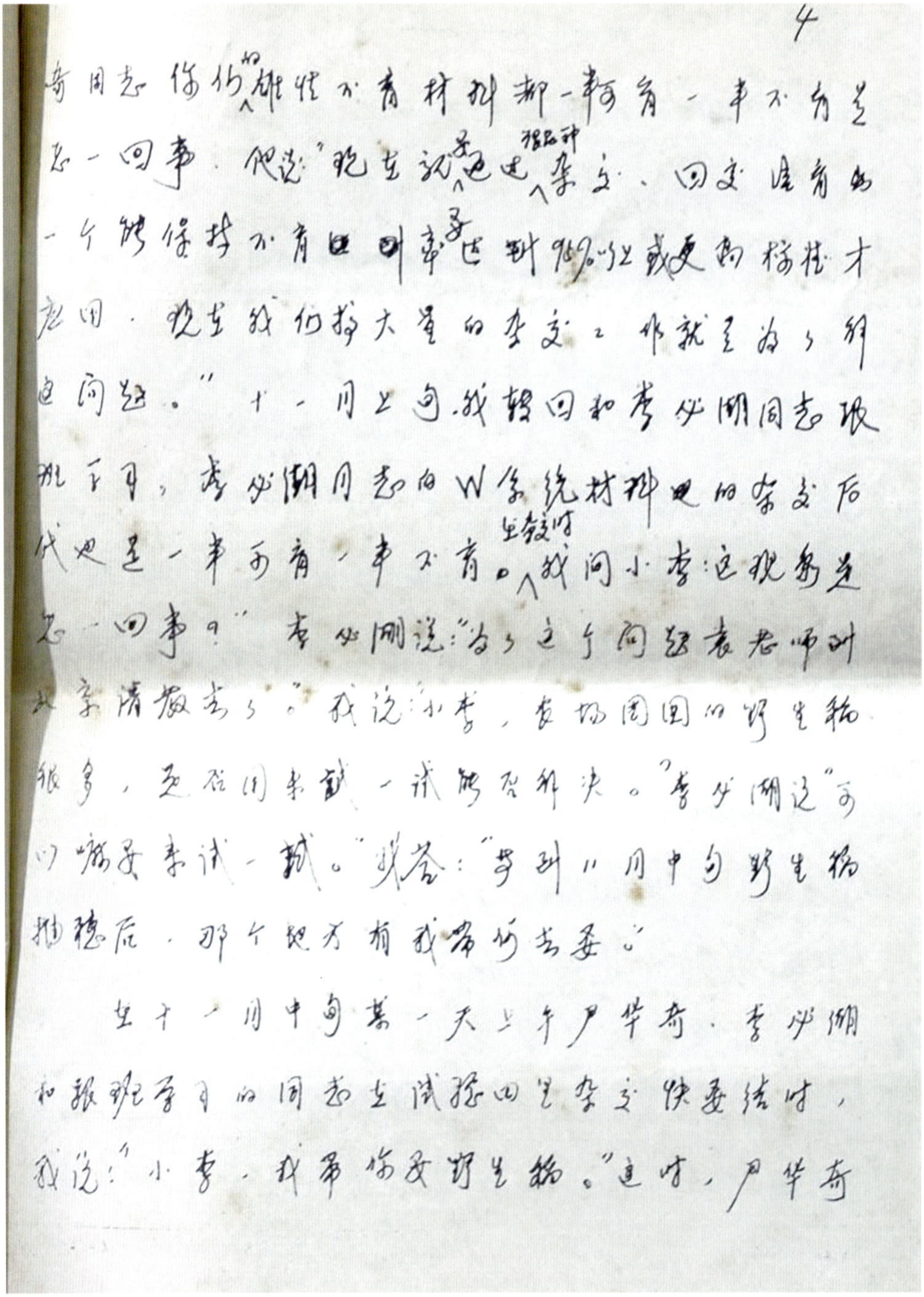
4

奇同志：你们的雄性不育材料都一样有一半可育一半不育是
怎么一回事。他说："现在就是选过很多种杂交、回交，没有出
一个能保持不育的。要选到99%以上或更高的株数才
应用。现在我们搞大量的杂交工作就是为了解
决问题。" 十一月上旬，我转回和李必湖同志跟
班下田，李必湖同志的W系统材料的杂交后
代也是一半可育，一半不育。我问小李：这现象是
怎么一回事？" 李必湖说："为了这个问题袁老师们
大家搞不清楚了。" 我说："小李，农场周围的野生稻
很多，是否用来试一试能否解决。" 李必湖说："可
以拿来试一试。" 我答："等到11月中旬野生稻
抽穗后，那个地方有我带你去找。"

在十一月中旬某一天上午尹华奇、李必湖
和跟班学习的同志去试验田里杂交快要结时，
我说："小李，我带你去找野生稻。"这时，尹华奇

◆◆冯克珊1991年写给袁隆平的《这株野败发现的事实情由》（四）

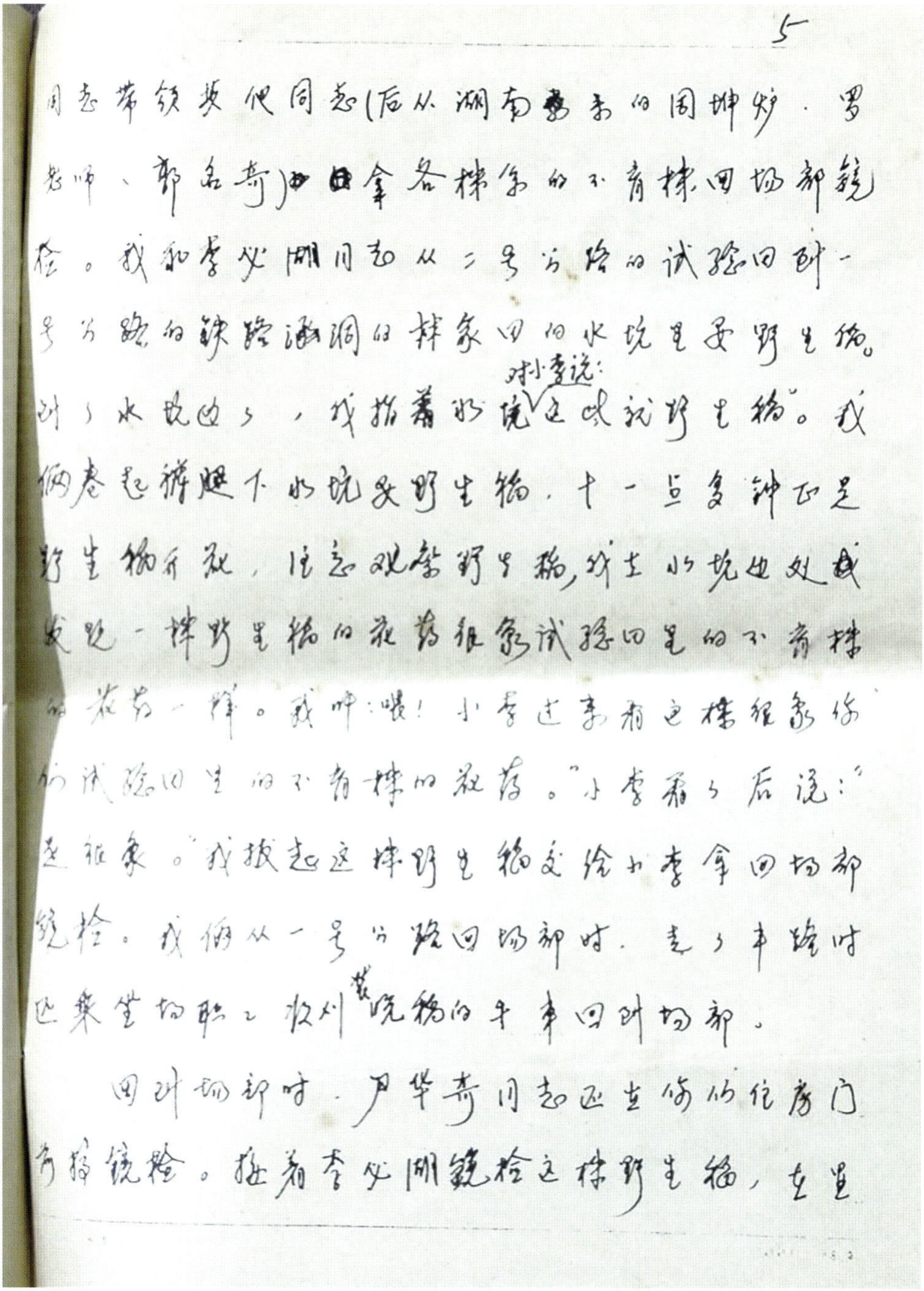
5

同志带领其他同志（后从湖南来的周坤炉、罗老师、郭名奇）拿各株系的不育株回场部镜检。我和李必湖同志从二号公路的试验田到一号公路的铁路涵洞的林家田的水坑里找野生稻。到了水坑边了，我指着那块对小李说：这些就是野生稻。我俩卷起裤腿下水坑找野生稻，十一点多钟正是野生稻开花，仔细观察野生稻，我在水坑出处发现一株野生稻的花药很像试验田里的不育株的花药一样。我叫："喂！小李过来看这株很像你们试验田里的不育株的花药。"小李看了后说："是很像。"我拔起这株野生稻交给小李拿回场部镜检。我俩从一号公路回场部时，走了半路时还乘坐场部拖拉机装烧稻的车回到场部。

回到场部时，冯华奇同志还在你们住房门前搞镜检。接着李必湖镜检这株野生稻，在显

冯克珊1991年写给袁隆平的《这株野败发现的事实情由》（五）

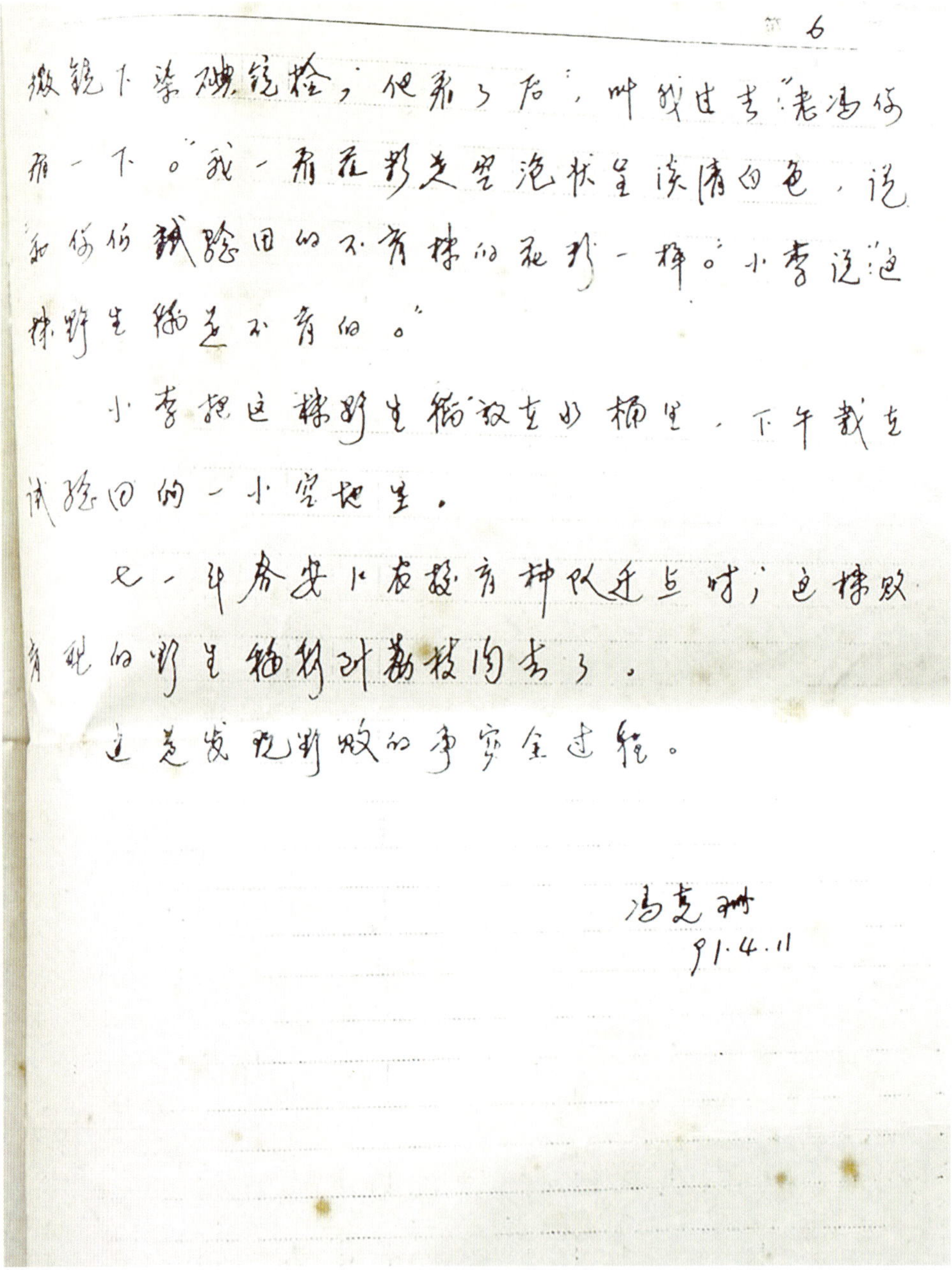

第 6

微镜下染碘镜检，他看了后：叫我过去："老冯你看一下。"我一看花粉是空泡状呈淡清白色，说和你们试验田的不育株的花粉一样。小李说这株野生稻是不育的。"

小李把这株野生稻放在水桶里，下午栽在试验田的一小宫地里。

七一年春安江农校育种队迁点时，这株败育的野生稻移到新校内去了。

这是发现野败的事实全过程。

冯克珊
91.4.11

◆◆冯克珊1991年写给袁隆平的《这株野败发现的事实情由》(六)

重要图书、报道摘录

《功勋科学家袁隆平》（谢长江著，1996年）

“野败”是袁隆平的助手李必湖和冯克珊在海南发现的，也是袁隆平认真总结丰富的水稻雄性不育研究的实践经验，在寻找新的育种材料的过程中，果断地跳出栽培稻研究的小圈子，向远缘的野生稻寻找新的育种材料这一新的思想指导下出现的奇迹！

《袁隆平口述自传》（袁隆平口述，辛业芸访问整理，2010年）

（编者注：1970年）11月23日这天，冯克珊带李必湖去寻觅野生稻。他们来到了南红农场与三亚机场公路之间铁路涵洞的水坑沼泽地段，这里长着一片面积大约有200平方米的普通野生稻。……他们看到这3个雄花异常的野生稻穗是由一粒种子生长起来的分蘖……由此初步推断，这很可能是一株雄性不育的野生稻。……我马上通过镜检，确认的确是一株花粉败育的野生稻，当即把它命名为“野败”。

《我的两个梦》（袁隆平，《人民日报》，2019年10月23日）

那是1970年11月，我和助手李必湖、尹华奇驻守在海南岛崖县南红农场，在当地寻找野生稻。在那里，有一位农专毕业的冯克珊，是南红良种繁育场的技术员，经常跑来听我讲课。冯克珊联想到农场附近有一种名叫“假禾”的草，很可能就是我要找的野生稻。11月23日，他找到李必湖，来到南红农场铁路涵洞附近的水塘边，到那片正在开花的野生稻中察看。他们发现了三个雄花异常的野生稻穗……这三个稻穗生长于同一禾蔸，是从一粒种子长出、匍匐于水面的分蘖。……经过仔细检验，我们最终确认这是一株十分难得的天然雄性不育株野生稻，我给它命名为“野败”。

这真是大海捞针啊！

“野败”的发现对杂交水稻研究具有里程碑的意义，更是杂交水稻“三系”配套成功的突破口。

《中国南繁60年》（国家南繁工作领导小组办公室主编，2019年）

袁老师对这株花粉败育型野生稻的评价是这样说的：这株“野败”为我国的杂交水稻的“三系”配套打开了突破口，使我国的杂交水稻研究很快就取得成功。这项成果在1981年获得我国第一个特等发明奖，因此“野败”是科学研究中的一次重大发现，李必湖和冯克珊两位同志对发现“野败”均作出重大贡献。

《华国锋与杂交水稻》（中国科学院网站，2008年9月3日）

当年11月23日，在袁隆平关于“把杂交育种材料亲缘关系尽量拉大，用一种远缘的野生稻与栽培稻进行杂交”的构想指导下，助手李必湖和冯克珊在海南岛南红农场找到“野败”，为籼型杂交稻“三系”配套打开了突破口。1971年，湖南省农科院成立杂交水稻研究协作组，袁隆平领导的杂交水稻科研组调入省农科院。

1973年10月，袁隆平在苏州召开的水稻科研会议上，发表了《利用“野败”选育“三系”的进展》的论文，正式宣告了我国籼型杂交水稻“三系”配套成功。

《深度关注丨南繁育种薪火相传》（韩亚栋、管筱璞，中央纪委国家监委网站，2022年9月5日）

“杂交水稻已经遍植大江南北，但很少有人注意，几乎所有的水稻优良品种都是从海南繁育出来的。”提起南繁，袁隆平生前如是感叹。

……

1970年11月23日11时，这株永载史册的野生稻，被三亚南红农场农技员冯克珊和袁隆平的助手李必湖在南红农场的一个铁路涵洞附近的水塘边发现。正是这株后被命名为“野败”的野生稻，为杂交水稻研究打开了突破口。

此后，从杂交水稻“三系”配套到两系法获得成功，再到超级杂交稻亩产攻关屡次刷新纪录……攀登一座座科研高峰背后，袁隆平年年如候鸟般来到海南。他生前多次说："杂交水稻的成功，一半功劳应该归功于南繁。"

《南繁，种子的传奇之旅》（傅人意，《海南日报》，2021年4月12日）

在日前举办的2021中国种子大会暨南繁硅谷论坛上，中国工程院院士陈温福在接受记者采访时表示："全国人民都知道袁隆平为水稻作出的巨大贡献，但很多人不知道袁隆平与海南的渊源。"

……

时间回溯到1970年。经过大量的调研，在三亚南红农场沼泽地里，一株野生稻雄性败育株（无花粉）被袁隆平的助手李必湖、三亚南红农场技术员冯克珊发现。

经过协作攻关，我国的农科部门相继配出保持系和恢复系，并在3年里实现了杂交水稻"三系"配套。杂交水稻的研制和推广种植，使中国水稻单产平均提高了20%，被誉为水稻生产的"第二次革命"。

"杂交水稻的成功，一半的功劳应该归于南繁。"袁隆平回忆道，他将这株野生稻命名为"野败"。"野败"开启了袁隆平优选强优势杂交水稻种子之路。

《南繁词典》（杨沐，《天涯》2021年第6期）

1970年11月23日11时，这株永载史册的野生稻，被听过袁隆平讲座的、三亚南红农场农技员冯克珊和袁先生的助手李必湖在三亚南红农场的一个铁路涵洞附近的水塘边发现。它被从北京赶来的袁隆平鉴定为雄性不育野生水稻，并将其命名为“野败”。

“野败”是中国杂交水稻研究最初的那株不育系材料。最初的水稻“三系”配套都是以“野败”为基础，是以“野败”为源头培育的不育系、恢复系和保持系，而“三系”配套成功才叫杂交水稻培育成功。当然，没有前人开拓、创立的理论，没有对这些理论深透的认识，没有人们在太阳下、在大地上的劳作，这株后来被命名为“野败”的野生稻，也就只能在海南岛南部的某个角落里生长着，兴兴败败也无人知晓；而它被发现，也就等于是被历史发现。

《袁隆平：稻田的路》（澎湃新闻，2021年9月7日）

袁隆平在课上介绍了远缘杂交优势，说用遗传距离远的父母本杂交，有利于观察性状分离。冯克珊听进了这句话。1970年11月，他对袁隆平的助手李必湖说，我们去找野生稻吧。

他们一直走到铁路旁的水坑边，看见一片大约三亩的野生稻。凑近去看，有一株细弱的稻子是不开花的。

那是“野败”。罗孝和说，一开始，袁隆平没有对野生稻“野败”寄予很高的期望。它毫不起眼，“是一根匍匐的野草，毛（注：稻芒）很长，粒子很小……”

但“野败”长出的稻谷还是被分发到各地研究机构试验。半年过去，江西的试验田里，“野败”与其他稻谷杂交，长出的后代花苞里“雪白雪白”，都不开花，而且竟然一代就强壮起来，出落成栽培稻的模样。

《种业“大咖”的崖州情》（李梦楠，《海南日报》，2022年2月21日）

“正是因为1970年在海南发现了‘野败’，才能于1973年成功培育出杂交水稻。”袁隆平接受媒体采访时曾说，三亚是一块黄金地，也是自己的福地，杂交水稻研发成功的一半功劳应该归功于南繁。

杂交水稻是怎样培育成功的

十月，在我国南方广阔的田野里，大片大片的杂交水稻，金黄耀眼，呈现着一派丰收景象。广大干部、社员怀着无比喜悦的心情，紧张地开镰收割。他们热烈欢呼华国锋同志任中共中央主席、中央军委主席，热烈欢呼粉碎"四人帮"反党集团篡党夺权阴谋的伟大胜利，决心紧密地团结在以华主席为首的党中央周围，继承毛主席的遗志，抓革命，促生产，收好种好杂交水稻，夺取农业新丰收，为社会主义革命和建设做出更大贡献。

毛泽东思想的光辉照征途

我国杂交水稻的研究工作，是从六十年代中期开始的。在短短几年内培育成功，并迅速应用于生产。这项科研新成果，为大幅度地提高我国水稻产量开辟了新的途径，并且大大地丰富了我国育种科学理论和实践，将对我国农业科学研究工作产生深远的影响。

一九六四年，湖南省黔阳农校教师袁隆平和学生李必湖等，从革命的迫切需要出发，根据玉米、高粱利用杂种优势的经验，提出了进行水稻杂种优势利用的研究。但是，问题一提出，就在农业科技界引起了争论。不少人主张积极试验，在水稻生产上闯出一条新路。有的人却搬出洋人的遗传学，引"经"据"典"，说什么"水稻是自花授粉作物，杂交没有优势，提出这个课题是对遗传学的无知，即使搞成了杂交种子，在生产上也没有利用价值"，"国外从五十年代起就进行研究，至今也没有得到应用"，等等。总之一句话，"此路不通"。袁隆平等人没有被"权威"的理论吓倒。他们向毛主席著作求教，学习了《实践论》、《矛盾论》。根据对立统一规律，他们认识到，杂种优势在生物界是普遍存在的，为什么水稻要例外呢？他们在实践中发现，用人工杂交得到的水稻杂种第一代已经显示了优势现象，说明利用水稻杂种优势夺高产是有可能的。但是，由于杂种优势只有杂种第一代表现最明显，要利用杂种优势提高产量，就必须年年培养大量第一代杂交种子。而水稻是雌雄同花，自交结实，不能象玉米那样依靠人工去雄杂交的方法产生大量杂交种子，这就给水稻杂种优势利用的研究带来极大的困难。

"外国有的，我们要有，外国没有的，我们也要有。"袁隆平等人进一步学习毛主席著作，为攀登这座科研高峰，勇敢地迎着困难前进。突破水稻杂种优势利用研究的关键，在于培育雄性不育系。怎样解决这个问题呢？他们按照毛主席的教导，决定在实践中寻找答案。

南方的六月，天热日烈，但也正是水稻抽穗扬花时节。为了寻找雄性不育植株，他们连续几天头顶骄阳，脚踩烂泥，蹲在稻田里，一株一株地观察研究。为了扩大研究范围，他们南跑广东，西去云南和广西，奔波不息。他们同兄弟省、区的农业科技人员合作，向野生稻领域进军。

南海的台风曾经吹倒了他们试验田里的秧苗，一些思想保守的人吹来了一阵阵冷嘲热讽，阶级敌人也跳出来毁坏了他们的试验材料。但是，困难吓不倒这些育种工作者，有毛泽东思想照亮征途，斗争使他们越来越坚强。这年，袁隆平经过连续七天的观察，终于在大田里找到了雄性不育植株，并进行了观察试验，使水稻杂种优势利用的研究，闯出了可喜的一步。

在无产阶级文化大革命的推动下，不少省、区的大批育种工作者和广大贫下中农相结合，以只争朝夕的精神，依靠自己的力量，利用我国丰富的水稻资源，收集了数千个水稻品种和材料，配置了千万个组合，进行了数以万计的杂交试验。一九七〇年，又一个突破口打开了：李必湖在我国南方发现了野生稻雄性不育植株。一九七一年，湖南、江西、广西、广东、新疆、福建等省、自治区的育种工作者，利用野生稻材料进行了大量的杂交试验。一九七二年和一九七三年，江西、湖南、广西先后育成了水稻雄性不育系、相应的保持系和强优恢复系，宣告我国杂交水稻三系配套成功，取得了水稻杂种优势利用的重大成果。

社会主义大协作好

我国的杂交水稻研究，从一九七〇年开始大"上马"，到一九七三年就实现三系配套，这个进程是相当快的。为什么这样快？一个重要原因是在党的领导下，开展社会主义大协作的结果，是我国社会主义制度优越性的体现。

杂交水稻研究这个新事物一出现，就受到党中央、国务院和华国锋同志的重视，给予正确的领导和大力支持。一九七〇年，在党的领导下，许多地区就开始协作研究杂交水稻。一九七二年，又列为全国重点科研项目，组织了全国大协作。十九个省、市、自治区成立了干部、群众、科技人员三结合的科研协作组，设立了研究点。同样，各有关省、市、自治区根据自己的特点，分别组织本地农业科研部门、大专院校、国营农场和社队开展协作。在全国范围内，形成了攻克杂交水稻的大协作网。一个地方，一个单位的研究成果和育种材料，很快就成为大家的共同财富。一个育种材料发现后，经过多方观察，反复分析、鉴定，很快就能摸清其特点，确定其价值。一个新的课题出现后，四面八方，一齐动手，从不同角度进行研究试验，很快就能突破。许多农业科研机关、大专院校的专业力量，分担了杂交水稻的基础理论研究工作。他们同育种工作者和社员群众密切配合，对水稻三系和一些杂交组合材料，进行了细胞学、遗传学、生理生态学等方面的研究，取得了一定成绩。

广大育种工作者和社员群众，充分利用我国辽阔的土地，各种不同类型的气候条件，繁育杂交水稻，变一年只能繁育一代为两年种七代，一年就做了三年半的工作。有关省、自治区的党组织和社员、干部，从全国一盘棋的思想出发，为兄弟省、自治区的育种人员提供了土质好、灌溉方便、光照充足的试验田和育种基地，并在生产管理、交通运输、生活安排等方面，给予人力、物力的支持和帮助，保证育种工作按季节、按数量顺利完成。原来有些人曾预言："三系三系，三代人也搞不成。"可是，不是三代，而是三年就三系配套了。

群众运动威力无穷

毛主席指出："什么工作都要搞群众运动，没有群众运动是不行的。"我国杂交水稻的培育成功，并很快在生产上应用，是在党的领导下，大搞群众运动的结果。

杂交水稻的研究应用过程，是个大规模的群众性科学实验运动。在党的领导和关怀下，有关部门坚持毛主席的革命路线，以农科所、良种场、农业院校为基地，以贫下中农为主力军，组织起浩浩荡荡的科技队伍，广泛开展了杂交水稻的科学实验活动。各地通过举办学习班、技术训练班、座谈会等形式，发动群众，培训骨干，把技术交给群众，又及时总结交流群众中创造的好经验、新技术。各科研部门实行专业队伍与群众队伍密切结合，理论研究与生产实践密切结合，依靠群众，开门办科研，把研究、试验、示范、推广，环环紧扣，在普及的基础上提高，在提高的指导下普及，不但使以贫下中农为主体的农业科技队伍迅速成长壮大，又推动科研工作向生产的深度和广度发展。一九七三年，杂交水稻三系配套成功后，一九七四年立即进行杂种优势鉴定，一九七五年就试种五千六百多亩，一九七六年全国示范推广面积就达到二百零八万八千三百多亩，开始在生产上大面积应用了。

有人曾预言：杂交水稻的制种关肯定过不了，即使杂种优势再强，也不可能在生产上应用。但是，广大群众遵照毛主席关于"实践、认识、再实践、再认识"的教导，经过反复的试验，终于突破了制种关，创造了一套比较完整的制种技术和体系。最初，制种田每亩只产十多斤，现在已提高到大面积亩产四十到五十斤的水平，最高亩产达到三百五十斤。广大群众在实践中还创造了培育多蘖壮秧、合理密植、合理施肥、提高结实率等栽培技术，使杂交水稻充分发挥优势，提高产量。现在，不少地方创造出小面积一季亩产一千三四百斤甚至一千五六百斤的高产量。

目前，一个大面积推广杂交水稻的群众运动正在有关省、自治区兴起，将为我国的粮食增产作出贡献。

新华社记者（本报有删节）

1976年12月17日《人民日报》发表《杂交水稻是怎样培育成功的》

人民日报　　1981年6月6日　星期六　第三版

杂交水稻为什么能够很快育成和推广

杂交水稻的研究探索性强，难度大。很多国家研究了几十年，均未育成强优组合用于生产。我国却能在比较短的期间内育成，并很快地大面积推广，其原因何在？它对发展我国的农业和农业科研，又有些什么启示呢？

有各级党政领导具体而细致的支持

杂交水稻从培育到推广，始终体现了党和政府对科学事业的关怀与重视，它是在各级领导干部的组织指挥下进行的。

早在1966年，湖南黔阳农校教师袁隆平根据自己的观察与研究，首次在《科学通报》上发表了《关于水稻雄性不育》的文章。此文虽短，却是我国谈论杂交水稻的第一篇。这点新的科学火花，引起了当时国家科委一位局长的重视，并致函湖南省科委和黔阳农校，请他们支持袁隆平这一有意义的试验。

1970年期间，当这项研究工作还没有显著进展的时候，各种议论纷纷向袁隆平等同志袭来，使得研究很难进行下去。就在这关键时刻，湖南省的领导把袁隆平请到省农业科技经验交流会上，给予鼓励；并将这项研究列入全省重点科研项目，成立协作组，由一名省委副书记负责，为这项研究撑了腰。1974年，湖南省农科院领导看到湖南新化县农科所一位劳模用72粒育成的杂交稻种长出来的稻子，棵棵生长繁茂，优势明显，便抓住这个苗头，将它移到长沙展出；并将很少的杂交种子分送给各县县委书记，要求每人种一亩试验田，观察杂种优势。为了给大面积推广创造条件，1974年冬，湖南省又收集了全省仅有的32斤不育系种子，进行繁殖。还先后组织了上万人的制种大军，冬战海南，春到湛江，秋赴南宁，边试验，边繁殖种子。到1976年春，不育系种子由32斤繁殖到150万斤，配制杂种250万斤。制种亩产量由起初的二三十斤提高到一百多斤。在杂交水稻研究的几个重要阶段，如“三系”尚未突破的1972年，刚开始小面积试种的1975年，许多领导同志都给予有力的支持，对这项研究的深入发展起了重要作用。1974年冬，当试种刚开始，农林部及时召开会议，部署了试种推广工作，各省成立杂交水稻办公室，加强领导，培训大批技术人员，为扩大繁殖、制种和推广杂交水稻，做到要钱给钱，要人给人，要化肥给化肥，大力支持了这项工作。

有一支有志气、有胆略的科技队伍

六十年代中期，当袁隆平开始这项研究的时候，正是许多国家经过了二三十年研究未获成功而争论不休之际。有的人得知袁隆平在开始这项研究，就说什么“三系三系，三代人搞不成器”，什么“癞蛤蟆想吃天鹅肉”。十年浩劫中，袁隆平不仅受到批判，连试验钵也被抄出当作资产阶级的坛坛罐罐砸碎；有的人还趁袁隆平等不在校之机，拔掉了他们试验田的全部秧苗，扔到井里，三天后袁隆平才从井里找到了漂浮着的五根秧苗。面对这种种打击，他坚定地说：“我搞科研为的是社会主义建设，要我放弃杂交水稻的研究绝对办不到！”其他参加并坚持杂交稻研究的科技人员，几乎都程度不同地蒙受着各种政治罪名，但也是不灰心、不气馁，坚持与各种保守思想斗。他们在挫折中总结经验教训，从远缘杂交出现不亲和性中得到启发，果断地跳出了“籼稻与籼稻杂交”、“籼稻与粳稻杂交”等外国人的研究路子，决心从野生资源上寻找突破口。事业心在驱使着他们，袁隆平和他的助手李必湖等，风尘仆仆奔赴云南，找来野生稻，种到湖南没有成功，又不远千里奔到祖国的最南端海南岛去寻找。终于，李必湖在一片沼泽地里找到了雄性败育的普通野生稻，为杂交水稻的育成奠定了基础。他们多方进行调查研究，不知克服了多少困难，才育成了不育系、保持系和恢复系。在那些艰难的日子里，有的科技人员原来身强力壮，最后弄得身体瘦削；有的连续九年没有回家过春节；有的几次延缓婚期；有的爱人生病也顾不上回去照料。正是这种献身科学的精神，使他们终于揭开了杂交水稻的奥秘。

生动活泼的社会主义大协作

一个广泛而长时间的大协作，为加速杂交水稻的研究推广创造了十分有利的条件。1972年春，农林部召开全国农林科技座谈会，把研究杂种水稻列为全国重点，并由中国农科院和湖南农科院负责，组织了全国大协作。在短短时间里，参加协作的单位猛增到十多个省市一百多个单位。中国农科院负责每年都召开一二次全国性的杂交水稻科研协作会，在关键的几年，许多省、地、县每年都有几次会议部署这项研究工作。

这种大协作，能够及时分析研究工作的进程，确定主攻目标，制订协作计划，使单位之间步调一致，尽量少走弯路。

这种大协作，能作到一处有经验大家来借鉴。1970年发现“野败”后，湖南省很快将“野败”材料分送给省内外十多个单位进行杂交试验，为外省培训技术人员，使得研究工作在许多单位展开。仅仅过了一年多，江西利用湖南提供的材料和方法，首先培育出了不育系和保持系，接着湖南、福建等也培育出一批不育系和保持系。在攻克恢复系中，他们又相互协作，在广西首先测出强优恢复系不久，湖南、江西等省先后测出了一批强优恢复系。

这种大协作，调动了各方面的力量。一些地、县农科所和生产部门或在繁殖制种上创造了新的办法，或在栽培技术上摸索出了新的措施；有的高等院校和研究所则在基础理论研究上取得了成绩；气象部门从光温生态条件对杂交水稻生长发育及籽粒形成的关系作了大量的研究。他们分别从不同的方面作出了贡献。

全国杂交水稻种植区域图（中国农科院绘）

正确的研究方法

杂交水稻的研究工作，贯彻了深入生产实际，把研究与生产紧密结合的方针。他们在选育不育系时，就注意把“野败”的不育性状转移到我国矮秆水稻良种上，并选择柱头外露、异交率高的材料，使其适应我国水稻生产的要求。在选育恢复系中，他们除了注意必须具备的恢复条件外，还十分注意丰产性、抗病性和抗倒伏性等经济性状。一经三系配套就及时拿到生产中去检验，研究制种技术，为大面积推广创造条件。他们还以生产上的要求总结了一套栽培经验，良种良法一块推进。

专业队伍与群众相结合，在杂交水稻的繁殖制种和栽培技术研究上起了重要作用。1974年后，各省为了研究繁殖制种技术都组织了以技术人员为骨干的数万人的群众队伍。实践证明，在杂交水稻的繁殖制种和栽培上采取专业人员与广大群众相结合的办法，是成功的经验。

本报通讯员　谢承桂　高历生
本报记者　何黄彪

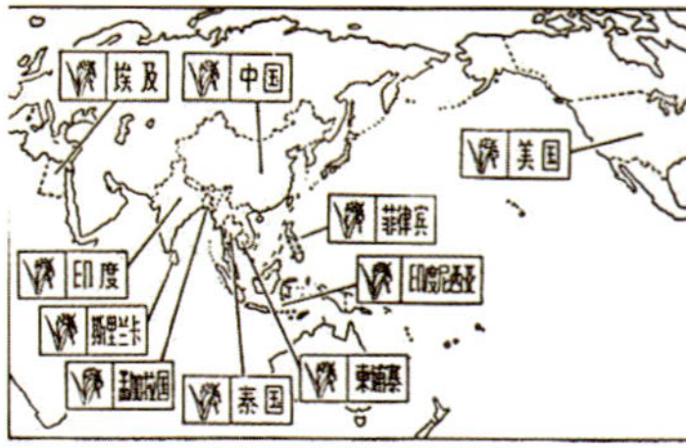

中国杂交水稻引种国家示意图

把青春献给祖国的农业现代化

——北京农业大学应届毕业生座谈对杂交水稻培育成功的感想

杂交水稻培育成功和大面积推广的消息发表后，北京农业大学的学生心情十分激动。他们从事农业生产和研究的热情更高了，信心更强了。部分应届毕业生还举行了座谈，他们的发言，表达了学生的共同心声。

在“绿色王国”大有用武之地

农学系植物遗传育种专业学生王杰民、王汝峰说，杂交水稻的育成，丰富了遗传育种理论，使我们更加认识到在绿色王国大有用武之地。我国是一个八亿农民的农业大国，加速发展我国农业科学的重任落在我们这一代青年肩上，我们要为振兴中华做出贡献。

植保系微生物专业汤华光说，过去总认为搞农业是“脚踩泥巴，蹦不了多高”。杂交水稻的成功使我真正感到，“七十二行，行行出状元”。农业科学研究将吸引愈来愈多的青年。

农学系农学专业杨建民说，杂交水稻的成功又一次证明科学技术是生产力，事实在教育一些认为农业不搞科学也照样种地吃饭的同志。农作物的品种改良和栽培管理的完善合理可以获得显著的经济效益。我国的水稻增产潜力还很大，但要大幅度增产，除了用正确的政策调动农民的积极性外，还必须靠现代科学技术，这就迫切要求建立一支强大的农业科技队伍。

加强农业教育科研，注重智力投资

农学系遗传育种专业李光明、张洪春认为，要想使科学技术发展，就必须进行智力投资。许多国家对农业教育与科研是很重视的，因为发展农业是解决人类生存的最根本问题。我国农业教育和科研较之解放前有很大的发展，但还远远不够，还没有受到应有的重视。例如，我校马溶芝教授用海岛棉与陆地棉杂交，进行了七、八年的试验，产量有明显提高，质量优良。但目前这项研究工作在资金、土地等问题上都遇到困难，未能得到解决。这种状况虽是暂时的，但我们希望领导能从杂交水稻这一成果带来的巨大利益中，进一步重视我国的农业教育和科研。

把青春献给祖国的农业现代化

植保系微生物专业郑玉芝说，我国是农业大国，但现在粮食还要进口，我们有志于振兴中华的青年应该为改变这种状况做出贡献。我们是十年浩劫后第一批统考入学的学生，党和人民哺育了我们，在对待毕业分配上，我们一定要听从党的召唤，到祖国和人民需要的地方去，把青春献给祖国的农业现代化。（北京农业大学团委整理）

1981年6月6日《人民日报》发表《杂交水稻为什么能够很快育成和推广》

副刊 20　2019年10月23日　星期三

我的两个梦

袁隆平

我与新中国
庆祝中华人民共和国成立70周年

时光如白驹过隙，一转眼，90年过去，我成了正儿八经的"90后"。我大半辈子都在与水稻打交道，至今从事杂交水稻研究工作已有55个年头。我最关心的，就是与水稻和粮食相关的事。

新中国成立之前，中华大地上到处灾荒战乱，人民生活颠沛流离，少年时我就被迫从一个城市辗转到另一个城市，虽然少不更事，但每当看到沿路举家逃难、面如菜色的同胞，看到荒芜的田野和满目疮痍的土地，我的内心总会泛起一阵阵痛楚。报考大学时，我就对父母说，我要学农。母亲听了，吓一跳，说，傻孩子，学农多苦啊，你以为好玩儿呢？但我是真正爱上了农业，死活要学，还摆出大道理：吃饭可是天下第一桩大事，没有饭吃，人类怎么生存？最后，父母尊重我的选择。

毕业后，我被分配到湖南安江农校任教。安江农校地处偏远，临行前，学校的领导告诉我，那里很偏僻，"一盏孤灯照终身"，你可要做好思想准备。当时我想，能传播农业科学知识，也是为国家做贡献！没想到，去了不久，就碰上困难时期。我当时想，这么大一个国家，如果粮食安全得不到保障，其他一切都无从谈起，我要为让中国人吃饱饭而奋斗！

一天，我看到一些农民从高山上兑了种子，担回来种，就问他们，为什么跑到那么高的山上去换种呢？他们说，山上的种子质量好一些，产得多些。他们接着还说了一句话，叫做"施肥不如勤换种"。这对我有很大启发：农业上增产的途径有很多，但其中良种是非常重要的因素。

从此以后，我开始自己的杂交水稻研究之路。一路走来，有汗水和辛酸，也有丰收和喜悦。科学探索无止境，在这条漫长而又艰辛的路上，我一直有两个梦，一个是禾下乘凉梦，一个是杂交水稻覆盖全球梦。

禾下乘凉梦，我是真做过，我梦见水稻长得有高粱那么高，穗子像扫把那么长，颗粒像花生那么大，而我则和助手坐在稻穗下面乘凉。其实我这个梦想的实质，就是水稻高产梦，让人们吃上更多的米饭，永远都不用再饿肚子。

做梦容易，但要把梦变成现实，则需要付出大量艰苦的劳动和努力。我清楚地记得，那是1961年7月的一天，我到安江农校的试验田选种。突然，我发现了一株"鹤立鸡群"的稻株。穗大，颗粒饱满。我随手挑了一穗，竟有230粒之多！当时以为，选到了优良品种，岂不是可以增产无数粮食？

第二年春天，我把种子播下，结果却令人大失所望，一眼望去，高的高，矮的矮，没有一株赶得上最初的那株水稻。我不甘心，开始反复琢磨其中的奥秘，研究那一片试验田的稻株比例，最终得出一个结论：水稻是有杂交优势的，那株鹤立鸡群的水稻，就是天然的杂交水稻。既然天然杂交稻具有这样强的优势，那么人工杂交稻，也一定有优势。当时，遗传学理论一直否定自花授粉作物有杂交优势。我对此理论提出质疑。随后，我又拜访专家，翻找资料，最终得出结论，既然自然界存在杂交稻，那么人工杂交水稻也一定可以利用。而要想利用这一优势，首先需要找到"天然的雄性不育水稻"。

于是，我又走上曲折的寻找之旅。

其中，最令人刻骨铭心的是，在海南岛找到天然雄性不育野生稻"野败"并加以利用的过程。那是1970年11月，我和助手李必湖、尹华奇驻守在海南岛崖县南红农场，在当地寻找野生稻。在那里，有一位农专毕业的冯克珊，是南红良种繁育场的技术员，经常跑来听我讲课。冯克珊联想到农场附近有一种名叫"假禾"的草，很可能就是我要找的野生稻。11月23日，他找到李必湖，来到南红农场铁路涵洞附近的水塘边，到那片正在开花的野生稻中察看。他们发现了三个雄花异常的野生稻穗，野生稻穗的花药细瘦，色浅呈水渍状，不开裂散粉。这三个稻穗生长于同一禾蔸，是从一粒种子长出、匍匐于水面的分蘖。他们立即把这蔸野生稻连泥挖起，放在铁桶里拉回去，然后移栽到试验田里，等待鉴定。当时，我正在北京开会，收到助手们从海南发来的电报，连夜赶火车奔回海南岛。经过仔细检验，我们最终确认这是一株十分难得的天然雄性不育株野生稻，我给它命名为"野败"。

这真是大海捞针啊！

"野败"的发现对杂交水稻研究具有里程碑的意义，更是杂交水稻"三系"配套成功的突破口。1973年，我们协作组历尽千辛万苦才通过测交找到恢复系，攻克"三系"配套难关，才有了新中国第一代杂交水稻。第一代以细胞质雄性不育系为遗传工具的杂交水稻，优点是不育系不育性稳定，但也有缺点，即配组的时候受到恢保关系制约，因此选择优良组合的几率比较低，难度大。自上世纪80年代中后期起，我们开始研究两系杂交水稻。1995年，第二代以光温敏不育系为遗传工具的杂交水稻——两系法杂交稻研制成功，它的主要优点是配组自由选择，能选配到优良稻组合的几率比较高。但是，第二代杂交稻也不是完美的：不育系育性受气温和光照影响较大。我想，如果有一种杂交水稻，既兼具第一代和第二代的优点，又能克服二者的缺点，那该多好啊！2011年，我们又启动第三代杂交水稻育种技术的研究与利用，这是以遗传工程雄性不育系为遗传工具的杂交水稻，已初步研究成功，该杂交水稻克服了前两代的缺点。现在，我们甚至开始了第四代、第五代杂交水稻的研制。

追求高产更高产，是我们永恒的目标。自上世纪90年代中后期起，我们开始超级杂交稻攻关，分别于2000年、2004年、2011年、2014年实现大面积示范亩产700公斤、800公斤、900公斤、1000公斤目标。近5年又突破每公顷16吨、17吨的目标。2017年，世界水稻平均每公顷产量仅4.61吨，而我国杂交水稻平均产量每公顷达7.5吨，在世界上遥遥领先。

不可否认，上个世纪我们的主要任务是解决人民群众的温饱问题，所以杂交水稻把产量摆在优先地位。现在生活水平提高了，人民不仅要吃饱，还要吃好。所以，我们也改变思路，提出既要高产，又要优质。但是必须说清楚，虽然要满足市场对优质大米的需求，但我们仍然坚持一条，即不能以牺牲产量来求优质。我始终觉得，粮食安全问题必须时刻警惕。历史也无数次告诫我们，把饭碗牢牢端在自己手中的最有效途径，就是提高水稻的产量。

科学探索永无止境，我的另一个梦，就是杂交水稻走向世界、覆盖全球梦。

世界上超过一半人口以稻米为主食，一个令人担忧的事实却是，全球现有1.6亿公顷稻田中，杂交水稻种植面积还不到15%。发展杂交水稻不仅有广阔的舞台，更对保障世界粮食安全具有重要意义，倘若全球有一半稻田种上杂交稻，按每公顷比常规水稻增产2吨计算，则增产的粮食可以多养活4亿—5亿人口。杂交水稻覆盖全球不仅能提升全球水稻产量，造福人类，还能提升我国的国际地位。

为了实现这个梦，我们一直在努力。从上世纪80年代至今，我们坚持开办杂交水稻技术国际培训班，为80多个发展中国家培训了14000多名杂交水稻技术人才，我还受邀担任联合国粮农组织首席顾问，帮助其他国家发展杂交水稻。目前，杂交水稻已在印度、越南、菲律宾、孟加拉国、巴基斯坦、印度尼西亚、美国、巴西等国实现大面积种植。今年6月，在长沙举行的中非经贸博览会上，来了不少非洲国家农业界的朋友，看到他们对杂交水稻充满感激和期待，更坚定了我们将杂交水稻推向世界的信心与决心。

新中国杂交水稻事业能够取得丰硕成果，离不开党和国家的高度重视与大力支持，同时也是广大科技工作者集体智慧的结晶。我已经90岁了，但"老骥伏枥，志在千里"，我要力争让我们的团队早日完成每公顷18吨的高产攻关，做好第三代杂交水稻技术的生产应用。我希望最终能实现"禾下乘凉、覆盖全球"的两大心愿。

（作者为中国工程院院士）

我已经90岁了，但"老骥伏枥，志在千里"，我要力争让我们的团队早日完成每公顷18吨的高产攻关，做好第三代杂交水稻技术的生产应用。我希望最终能实现"禾下乘凉、覆盖全球"的两大心愿。

2019年10月23日《人民日报》发表袁隆平文章《我的两个梦》

附录

政协第七届三亚市委员会第四次会议委员提案

第465号

题　　目	关于中国杂交水稻发源地旧址保护及开发的建议
提 案 人	吕青
提案人身份	市南繁科学技术研究院科研与项目管理中心副主任
承办单位	市旅游和文化广电体育局，市农业农村局

正　　文

中国杂交水稻发源地旧址南红农场属于不可移动文物的一个特定类型，是传承红色基因、弘扬革命文化、加强爱国主义教育、培育社会主义核心价值观的宝贵资源。与其他类型文物相比，目前中国杂交水稻发源地旧址南红农场的保护利用具有特殊性。为了加强指导和规范该旧址的有效保护和合理利用，依据文物保护有关法律法规和规范性文件，针对旧址保护利用的实际情况，今年（2018年）9月至10月，对中国杂交水稻发源地旧址南红农场开展调研并形成提案，提案内容如下：

一、南红农场的基本情况

1970年，袁隆平院士及其科研团队在海南省崖县（今三亚）南红良种繁育农场，发现一株天然雄性花蕊败育的野生稻，并将其命名为“野败”，为水稻雄性不育系的选育、三系杂交水稻的研究成功打开了突破口，使我国的水稻杂交种子居于世界领先地位，这在杂交水稻研究历程中具有划时代的意义。因此，南红农场成为中国水稻不育系杂交制种的发源地。2013年，袁隆平院士发起成立三亚中国杂交水稻发源地保护研究中心并亲自担任理事长和首席科学家，并在“野败”发现地——这片意义非凡、极具科技文物价值的宝地上，建设中国杂交水稻发源地保护园，精耕细作，恢复种植野生稻，保护珍贵的杂交水稻原种资源和历史记忆。

南红农场位于三亚市羊栏妙林田洋，创建于1966年，已经有52年的历史沉淀，曾是三亚市农业局下属的全民所有制事业性质的正科级单位。农场在20世纪八九十年代主要从事水稻良种繁育、引进试种推广冬季瓜菜生产。原来的场部旧址建有办公大楼、职工宿舍大楼、粮食仓库、晒谷场等1万多平方米，环境优美，各种树木茂盛。1996年被三亚市评为精神文明先进单位。

曾经的南红农场交通方便，水电充足；土地平整肥沃，农业排灌系统齐全，便于农业机械化作业；气候得天独厚，适宜种植水稻、玉米、瓜菜等各种农作物，是发展高新、高效农业最理想之地。该场1986年被评为广东省农村科技先进集体，1990年被评为三亚市创高产先进单位，1999年被评为海南省创建精神文明先进单位。农场每年接待全国各地的南繁育种队前来繁育水稻、玉米、高粱及瓜菜等种子，获得较好的经济效益和社会效益，曾是全国重要的南繁育种基地之一。

二、中国杂交水稻发源地旧址保护及开发的意义

（一）从历史价值上看，南红农场是南繁文化最具有代表性、保存较为完整的地标性建筑群。在改革开放后，各省（区、市）来到海南发展，三亚这边的农场得到了资金补助，14个省（区、市）的农科院、农科所与其他国家单位均在我们南红农场开展工作，如内蒙古、河北、山西、安徽、黑龙江、甘肃、广东和广西等等。南红农场从1966年至今已有52年的历史，南红农场从最开始的1100多亩地到后来分田后的700多亩地和农场内建筑改造，是老一代南繁人最重要的科研、生产、生活基地，原有的建筑目前还在使用当中，20世纪70年代袁隆平老师等一大批南繁专家科研、生产、生活相关物品保存完整，有些老物件是当时南繁人员从全国各地带回来的。第一代育种工人仍然居住在该农场，对20世纪七八十年代的事情记忆深刻，对20世纪的南繁情况十分了解并且能够讲述。

（二）从社会价值上看，南红农场是南繁文化最有实地参观、科普研学价值的实践基地。从海南科普研学的发展的角度来看，讲解与实地参观结合的综合型课程开发是十分重要的。南繁文化科普教育目前还只停留在一个展厅讲解的阶段，尤其是讲解到"野败"的发现这个历史事件的时候目前还处于图文阶段，南红农场作为杂交水稻发源地可以使教学科普内容更加丰富。

（三）从经济价值上看，南红农场是"南繁+旅游"的最佳结合点。南红农场可以作为以南繁文化为核心的旅游资源进行合理的开发，通过打造中国杂交水稻发源地这一知名旅游文化IP，带动周边的经济发展和就业。

三、中国杂交水稻发源地旧址保护及开发的建议

（一）积极地抢救性保护原有珍贵历史文物。首先，应当遵循科学规划、分类管理、有效保护、合理利用的原则，切实维护革命旧址本体安全和特有的历史环境风貌，最大限度保持和呈现历史真实性、风貌完整性和文化延续性。其次，应当完善组织领导机制。地方各级人民政府切实履行文物保护主体责任，支持本级文物行政部门依法履行属地管理的职责；加强部门联动，充分发挥党史、宣传、民政、方志、自然资源、住建等相关部门的作用。

（二）适当地规划调整，对原有南红农场旧址系统科学进行保护。旧址的保护利用需要对其基础设施进行完善提升。基础设施改造应做好文物影响评估，以保留和完善原有系统为首要选择，尽量减少对旧址本体及其环境风貌的影响，且应与保护工程、展示工程，以及区域基础设施改造工程等统筹考虑。应坚持以社会主义核心价值观为引领，以弘扬革命精神、传承红色基因、传递正能量为目标，落实意识形态工作责任制，始终把社会效益放在首位，实现社会效益和经济效益相统一，合理开发南红农场旅游资源。

（三）科学设计革命旧址参观体验线路、教育项目，合理确定访客承载量，加强参观体验管理。

结合旧址周边资源，通过设置参与性装置、增加体验环节、表演活动等多样化的互动体验形式辅助相关历史展示传播，加深观众对相关历史的理解。应有规范的组织和管理，注意内容和形式的恰当，并应尊重周边居民的意愿。